한자 속의
중국 신화와
역사이야기

한자는 어떻게 만들어졌고
어떻게 발전하였는가?
한자를 만들게 된 동력은 무엇이었는가?

한자 속의
중국 신화와
역사 이야기

양동숙 지음

주류성

차례

머리말

　한자는 지금도 살아 숨 쉬고 있다. 한자는 근 50만 년 전 구석기 시대 사람들이 까마득한 세월을 지나 1 만 년 전까지 내려온 신석기시대에 태동하기 시작했다. 그리고 7, 8천 년 전에는 초기 문자의 흔적을 드러내보였다. 아득한 인고의 세월을 보내며 살던 사람들은 마음속에 일어나는 생각과 표현욕구를 그림으로 그렸다. 눈에 보이는 것을 그리고, 머리에 떠오르는 생각을 그리고, 생활의 관습과 행위를 그리고 또 그렸다. 그림들은 점차 글자의 꼴을 갖추며 한자의 바탕이 되는 중요한 요소로 발전했다.

　광활한 대지의 이곳저곳에 살던 여러 종족들이 그려낸 그림들이 한데 모아 지고 여기에 자신들의 언어를 투영하였다. 그러나 언어를 기록하는 문자의 체계를 갖춘 시기는 지금부터 3,300년 전인 상나라 때의 일이다. 상나라 제왕들은 나라를 다스리며 하늘의 상제나 조상에게 제사를 지내고 점을 쳐 통치의 방향과 나라의 안위를 물었다. 국가의 대소사는 점의 결과에 따랐고, 점의 내용을 거북이와 소뼈인 龜甲獸骨에 기록해두었다. 그것이 갑골문이다.

상 왕조 550여 년 중, 후기 200여 년의 왕실 일들은 갑골문에 고스란히 기록되어 있다. 지금까지 약 16만 편의 갑골 조각을 발견했는데 한 조각에 10자로 셈하여도 어림잡아 1백 60만자로 추산되는 방대한 기록이다.

갑골문을 통해 상대의 정치, 경제, 사회, 교육, 문화, 천문, 역법, 질병, 기상 등 고대사회의 실상을 소상하게 알 수 있게 되었다. 갑골문자는 약 4천여 字를 발견하였고 그중 1천여 字가 해독되었다.

상대의 甲骨文은 주대에는 金文, 진시황시대에는 小篆으로 변화 되었고, 이어 한대의 隸書를 거쳐 위진 시대의 楷書로 5번 모양을 바꾸었다. 2천 여 년이 지난 1950년 현대 중국에서 또 다시 획이 복잡한 한자를 간단하게 줄인 간체자 2,300여 자를 만들어 냈다. 한자가 현대에도 변화하고 있다는 증거이다.

문자는 한 나라의 존재를 증명할 근거가 된다. 한자가 중국에서 만들어지게 된 것은 바로 중국이라는 토양이 바탕이 되었다. 광활한 대륙에서 수많은 사람이 살아오며 켜켜이 쌓은 경험과 생활의 지혜를 그림으로 그렸고, 이는 각 시대마다 독특한 시대정신을 담아 오늘의 漢字로 발전하였다. 그래서 한자 속에는 수십만 년간 내려오며 자신들을 이끌어준 신적인 존재들이 스며있고, 모진 삶을 개척한 조상들의 얼이 살아 있으며, 세상을 살며 이룬 인간사가 배어있다. 이처럼 한자에는 세상이 담겨있는 것이다.

중국에는 실로 많은 신화와 전설이 존재한다. 사람들은 신적 존재와 인간세상의 이야기를 합하여 때로는 신화로 때로는 전설로 그들을 미화시켰다. 이러한 현상은 한자에도 투영되어 있다고 할 수 있다. 본서는 중국 역사의 대통을 이은 三皇五帝를 비롯한 역사신화를 중심으로 하고 그와 관련된 한자를 통하여 속뜻을 조명하였다. 본 서는 아래와 같이 5부로 구성하여 이야기를 풀어 나갔다.

제 1부. 중국의 하늘을 연 신들의 이야기
제 2부. 문명을 열고 개척한 신들의 이야기
제 3부. 신과 인간을 구분한 신의 이야기
제 4부. 성인의 반열에 오른 신들의 이야기
제 5부. 신화시대의 끝자락에 선 우임금의 이야기

이들은 중국인들의 정신적 지주로 문명을 깨우친 선구자들이고, 나아가 중국이 신화시대를 끝내고 역사시기로 당당하게 진입할 수 있는 기틀을 다진 조상들이기 때문이다.

1. 한자의 근원을 찾아서

돌을 깨서 쓰던 북경인의 시대

오랫동안 한자를 접하면서 "한자기원의 자취"를 찾는 길로 들어서게 되었다. 한자는 어떻게 만들어졌고 어떻게 발전하였는가? 한자를 만들게 된 동력은 무엇이었을까? 장구한 역사의 수레바퀴 속에서 한자는 어쩌면 이토록 오래 지속되어 왔을까? 드넓은 대지에는 과연 누가 살고 있었을까? 꼬리에 꼬리를 물고 일어나는 의문은 자꾸만 까마득히 먼 옛날로 생각을 올려 보냈다. 지금부터 50만 년 전으로 추정하는 구석기시대의 북경인들은 거친 환경과 동굴 속 생활의 어려움을 견디면서 돌을 깨서 생활의 도구로 사용했다. 결 따라 쪼개고 다듬어 쓰던 소위 타제석기(打製石器)의 사용시기는 수십만 년이나 계속되었다.

구석기 시대 말기 약 2만년 전에는 산꼭대기 동굴에서 산정동인(山頂洞人)이 살았는데 이들은 이미 현대인과 흡사한 모습이었다. 도구로 사냥하고 뿔을 갈아 바늘과 장신구로 만들며 매장을 하는 등 의식과 예술 표현이 움터 현대인의 기본 생활을 방불케 하였다.

농사짓고 질그릇을 만든 신석기시대

약 1만여 년 전 신석기시대 사람들은 동굴을 넘나들며 들판에 열린 각종 식물의 열매를 따먹으며 점차 그 속성을 알아내 비로소 농사를 짓기 시작했다. 한편 소나 양, 돼지 등을 길들여 목축을 함으로써 척박했던 생활에 도움을 받았다. 이러한 변화로 사람들은 영양을 공급 받아 체력은 강화되었고 삶의 질은 향상되어 갔다. 그들은 돌을 대리석처럼 갈아 마제석기(磨製石器)를 만들고 흙을 빚어 생활에 알맞은 질그릇들을 만들어 썼으니 신석기시대 사람들은 생활을 놀랍도록 발전시켰다.

한자는 바로 이 무렵 태동했다. 문자가 문명과 미개의 구분을 넘어 신화에서 역사시대로의 진입을 알리는 척도이고 보면 이때가 인간이 문명의 길로 들어서는 길목이었던 것이다. 사람들은 일찍이 1차적인 소통수단인 언어를 만들어 소리만 있고 말이 없던 긴 터널을 빠져나왔다. 이어 서로의 감정이 말로 통하게 되자 이를 기초로 2차적인 소통수단인 문자의 필요성을 실감하였던 것이다. 언어가 있으므로 문자가 생성된것이다. 문자의 연구에 언어가 뒷받침 되는것은 이 때문이다. 사람들은 농사에서 얻은 수확의 기쁨을 만끽하며 아름답게 빚은 채색도기에는 물고기나 사람의 얼굴을 그려 넣었다(도1). 물론 자신의 존재 표시도 잊지 않았다. 일상의 여유를 찾으며 더욱 긴밀하게 소통하고 싶은 간절함을 그림으로 표현했던 것이다.

초기 한자의 탄생을 알리다.

중국인들은 "땅은 보물을 싫어한다(地不愛寶)"는 말을 자주한다. 지하에서 귀한 유물이 발굴되면 그 기쁨을 역설적으로 표현한 말로 천만 년 역사의 자취는 모두 지하에서 발굴된 유물로 증명되기 때문이다. 현대의 고고학의 발달은 선사시대 인류의 삶을 구석기시대와 신석기시대라는 새로운 이름

(도 1) 반파 魚紋 彩陶盆

으로 구분하였다. 구석기 시대 초기는 최초로 직립 보행하고 돌을 깨서 도구를 만들어 쓰던 北京人들과 말기를 살았던 山頂洞人이 대표적이다. 뒤를 이은 신석기시대는 돌을 갈아 쓰며 지혜를 발휘해 활과 화살, 질그릇 등 생활 도구를 만들어 쓰며 삶을 개척해나갔다. 新石器시대는 문화적인 특성에 따라 仰韶문화, 大汶口문화, 龍山문화가 차례로 이어지고 그 끝자락에 夏와 商 왕조가 건국되었다. 그중 문자의 흔적은 앙소문화 시기에서부터 찾아내었다.

하남성의 앙소(仰韶)에서 발견되어 이름 붙여진 '앙소문화'는 7~8천 년 전에서 근 2천여 년이나 전개된 모계사회였다. 말하자면 여성이 주도권을 가지고 사회를 지배하고 부락을 이끌었다. 대표적인 마을인 서안의 반파에서는 아름다운 채색도기를 만들어 생활하며 높은 수준의 문화를 향유했다. 이들 도기의 가장자리에는 이미 10까지의 숫자와 示, 矢, 竹 같은 초보적인 문자가 사용되었다.

갑골문 발견 100년이 되던 1999년 또 한 차례 희보를 접했다. 하남성 舞陽 가호에서 龜腹甲에 그려진 두자의 상형문자를 발견하였기 때문

이다(도2). 이들 두 字는 마치 눈을 그린 目과 해를 그린 日자와 흡사했다. 이 유적지는 탄소측정결과 기원전 7, 8천 년 전 앙소문화 초기로 추정되어 지금까지 최초의 문자부호로 보고 있던 西安 半坡의 자료보다 2천년 앞서기 때문이었다.[1]

상형문자가 출현하다

뒤이어 산동의 대문구에서 특이한 유물들을 발견했다. 이들은 그 지역의 이름을 따서 대문구문화(大汶口文化)라고 불렀다. 약 6천 년 전에서 거의 2천여 년 간 지속한 이 시기는 농업과 수공업이 발달하여 석기, 골기 이외에도 정교한 도기, 상아 빗, 돗자리 등 유용한 생활도구들을 만들어 냈다. 그 중 술을 빚는데 썼던 대형 도기에는 '산위 구름사이로 솟아난 아침 해'인 旦자와 지도자의 상징무기인 戊, 斤자를 새겨 넣었다. 이

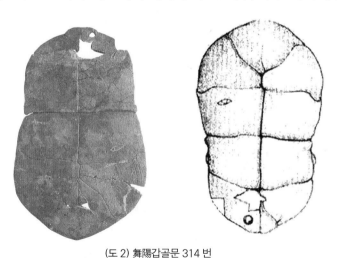

(도 2) 舞陽갑골문 314 번

---

1) 「하남 무양 가호 신석기 시대 유지 발굴보고」『문물』1989 제1기

들은 대표적인 초기의 상형문자(象形文字)다. 2004년에는 그림문자와
갑골문의 중간단계인 동이족이 새긴것으로 추정되는 골각문자가 발견
되었다. 봉황새 형상을 그린 골각문자는 이 시기의 놀라운 회화실력을
보여 주었다.

중국 문명의 서광을 비추다

신석기시대 후기문화는 산동의 龍山에서 처음 발견되어 용산문화라
칭하게 되었고 이와같은 문화는 거의 중국전역에서 퍼져있었다. 이는
약 5천 년 전에서 거의 4천 년 전인 하(夏)나라까지 이어지는데 황하유
역을 중심으로 한 중원과 산동권, 남방권, 내몽고 등 몇 개의 대형 권역

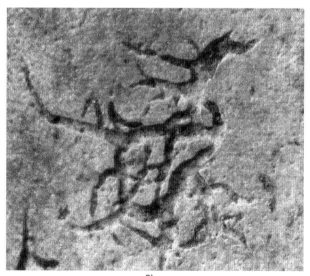

(도 3) 산동 봉황새 모양의 골각문[2]

2) 劉鳳君,『昌樂骨刻文』산동화보출판사, 2008

으로 나뉘어 특색 있게 발전하였다. 이를 근거로 지역별로 집단세력을 강화한 영웅시대가 열렸던것이다. 아울러 군권(軍權)이 확장되고 신권(神權)이 강화되었으며 예제(禮制)가 엄격하게 형성되었고 사회적으로는 부계사회로 진입하고 있었다. 이 시기의 여러 문화적 유산 가운데 질그릇에는 상대(商代) 갑골문과 흡사한 十, 示, 羽자 등이 새겨 있었다. 용산문화는 거대 조직의 구성이나 문화의 발전면에서 중국 문명에 서광을 밝게 비춰준 찬란한 문화였다.

왕조가 건국되다

용산문화를 거치면서 전국적으로 거대한 조직형성의 기틀이 마련되었다. 치수에 성공한 禹는 전체 세력을 모아 하왕조를 건국하였다. 夏나라(B.C 2070~B.C 1600)는 하남성 이리두(二里頭) 부근에 자리하였고 약 4천여 년 전에서 개국한 중국 최초의 노예제 국가였다. 하왕조의 건립으로 그동안 일만년 넘게 지탱하던 혈연으로 결성된 원시사회의 씨족공동체가 와해되었다. 禹는 국가최고 통치자가 됨으로 중국 최초의 국왕으로 등극했다. 二里頭 유적지에서 최초의 청동기가 발견되었고 보편적으로 쓰이는 도기에서는 井, 死, 八, 竹 등 20여 문자가 발견되었다. 그러나 애석하게도 17왕의 통치하에 470년간 지속한 하나라의 존재를 증명할 확실한 기록을 찾지 못하여 여전히 신화시대의 베일을 벗지 못하였다.

禹

중국 역사시대의 개막과 한자의 사용

상왕조의 건국

상나라(B.C.1600~B.C.1046)는 시조 契(설)의 14대 손인 성탕(成湯)이 건국하였다. 하나라를 멸망시키고 개국한 商왕조는 周 무왕에게 패망하기까지 17세(世), 30왕(王)을 거치며 554년간 영위했다.[3] 성탕이 세상을 뜨고 형제상속으로 인하여 삼촌과 조카 간의 반목이 9대에 걸쳐 이어졌다. 이 같은 왕위 쟁탈전은 '구세지란(九世之亂)'이라는 악명을 얻었고 그 후 왕들은 혼란한 정국을 안정시키기 위해 개국 후 네 차례나 천도를 하였다.

제19대 왕 반경 역시 도읍이던 산동의 엄(奄)에서 멀리 하남성 안양 소둔촌 은(殷)으로 다섯 번째 천도를 단행하였다. 반경의 천도는 성공적이어서 은(殷)은 상대 후기 254년간의 도읍지였고, 이때부터 상대 후기 즉 은허시기(殷墟時期)가 전개되었다.

周는 商을 패망시킨 뒤 적국을 폄하하여 국명인 商 대신 도읍명을 따 殷이라 불렀고 그 후 殷, 殷商, 商殷이라고도 하지만 모두 商나라를 칭한 것이다. 商이 멸망한 뒤 王宮은 폐허가 되어 '빈터 허(墟)'를 붙여 은허(殷墟)라고 부른다. 그러나 이곳에서 나온 방대한 양의 갑골문이 흥성했던 상왕실의 자취를 대변해 주어 중국 최초의 국가로 인정받기에 충분했다. 갑골문은 과연 어떤 문자인지 살펴보자.

---

3) 毛耀順 『中華五千年長曆』 중국기상출판사, 2002

왜 갑골문이라고 하는가?

상나라 제왕들은 통치상의 크고 작은 일을 하늘의 상제에게 점을 쳐 묻고 해답을 얻어 행하였다. 점친 내용은 뼈에 새겨두었는데 점복에는 거북이 뼈인 귀갑(龜甲)과 동물뼈인 수골(獸骨)을 사용하였다. 그중 甲과 骨 두 자를 따서 '甲骨文'이라 한 것이다. 상 왕실에서 쓰던 갑골문은 나라가 망하고 옛 왕궁터에 묻혔다가 3천여 년 만에 다시 세상 빛을 보게 되었다. 갑골문이 발견된 곳은 상대의 마지막 왕궁이 있던 하남성의 '殷'이었는데 이제는 궁터만 남아 '은허(殷墟)'라고 부른다. 갑골문 발견 이후 근 100년간 쉼 없는 연구로 갑골문은 내용, 문자와 문장구조, 점복과정 등 여러 각도에서 실상이 밝혀졌다.

갑골문은 누가 발견했고 몇 자나 되나?

오래전부터 은허를 중심으로 산발적으로 발견된 갑골 뼈는 중국 각지에서 용골이라는 한약재로 쓰이고 있었다. 어느날 북경의 국립대 총장격인 대학자 왕의영(王懿榮)은 중병이 나서 한약방에서 사온 용골이라는 한약재를 달이려고 살피다가 뼈에 글자가 새겨져 있는 것을 발견했다. 청동기나 돌에 새긴 문자인 금석문 연구의 대가였던 그는 뼈에 새겨진 문자가 범상치 않음을 알아차렸다. 그는 수소문 끝에 뼈를 공급하는 골동상을 만나게 되었고 그로부터 갑골편을 사들여 끈질기게 관찰한 결과 이들 뼈가 칼로 새겼던 상대의 도각문자(刀刻文字)인 것을 밝혀냈다. 1899년의 일이다. 그는 애석하게도 다음해 중국이 열국에 함락되자 울분에 차 스스로 목숨을 거두었으나 그의 제자 유악에 의해 갑골문의 연구가 시작되었다. 그로부터 지금까지 발굴한 갑골편은 약 16만 편으로 추산되나 현재까지도 은허와 그 주변지역에서 지속적으로 발견되고 있다. 거북이뼈와 소뼈의 비율은 대략 7대 3인데 모든 갑골편에 글자가 있는 것은 아니지만 지금까지 약 4, 5천 자를 발견했고 그중에서 1천 여 자는 지금의 어떤 글자인지 해독해 내었다.[4]

갑골문자는 누가 어떻게 만들었을까?

갑골문자는 문자가 없던 시절 오랜 세월동안 황하유역을 중심으로 살아가던 사람들이 생각을 그려 소통하던 그림에서 발전한 것이다. 약 1만년 전 문자 태동의 흔적을 보이고 7천여 년 조금씩 조금씩 형태를 이루며 여러 곳에서 초보적인 문자 부호가 사용되었다. 그러다 3,300여 년 전인 상대에 와서 문장형식을 갖추고 언어를 기록하는 문자로 완결되었다. 사람들은 자신들의 생각과 하고 싶은 말을 그림으로 그려 표현해 해와 달을 그리고 산과 나무도 그렸는데, 이들 그림들은 의사소통에 사용되었으니 이제 더 이상 그림이 아니고 문자로 태어나 일상의 일들을 기

---

4) 양동숙, 『갑골문 해독』 서예문인화, 2005.

록했던 것이다. 갑골문자는 또 2천여 년이 흐르면서 지금의 한자로 탈바꿈 하였다. 그러나 자신들이 쓰는 한자가 어떻게 만들어졌는지에 대한 연구는 한대(B.C. 206~A.D. 219)에 와서야 이루어졌다. 한(漢)나라 때 허신(許愼)이라는 대학자가 『설문해자』(121)을 펴내면서 한자의 구조를 분석하여 六書라는 이론을 정립했다. 현대에 들어 갑골문을 六書에 대입시켜 보니 六書와 거의 일치하고 있어 한자는 갑골문자에서 이어져 왔다는것을 증명해주었다.

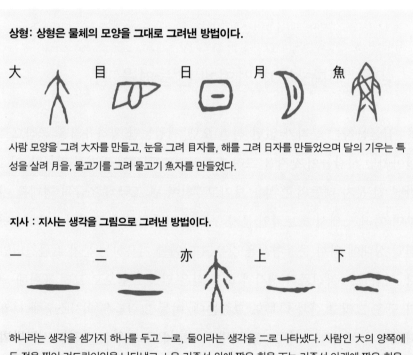

상형: 상형은 물체의 모양을 그대로 그려낸 방법이다.

大   目   日   月   魚

사람 모양을 그려 大자를 만들고, 눈을 그려 目자를, 해를 그려 日자를 만들었으며 달의 기우는 특성을 살려 月을, 물고기를 그려 물고기 魚자를 만들었다.

지사 : 지사는 생각을 그림으로 그려낸 방법이다.

一   二   亦   上   下

하나라는 생각을 셈가지 하나를 두고 一로, 둘이라는 생각을 二로 나타냈다. 사람인 大의 양쪽에 두 점을 찍어 겨드랑이임을 나타냈고 上은 기준선 위에 짧은 획을 下는 기준선 아래에 짧은 획을, 두고 위와 아래라는 생각을 표현했다.

회의 : 회의는 두 글자에서 의미를 조금씩 따 새로운 의미의 글자를 만든 방법이다.

日과 月을 합쳐 해도 달도 아닌 밝음을 나타냈고, 꿇어 앉은 사람이 불(火)을 인 모양으로 빛을, 나무 두 그루를 합하여 숲을, 여인(女)이 집안에 있는 모양으로 편안함을, 밤(夕)에 입으로 암호처럼 자신을 밝혔던 것이 이름 名이 되었다.

형성 : 형성은 글자에 언어를 추가해 뜻과 음두자를 결합시킨 방법이다. 문자 속에서 언어의 힌트를 받아 한자를 오래 지속할 수 있게 했다.

닭을 '계'라고 하여 모음이 비슷한 奚(해)를 음으로 넣었고, 별을 '성'이라 하여 자음이 비슷한 '生'을 음으로 넣었다. 물에서 고기 잡음을 '어'라고 하여 魚를 음으로 넣었고, 황하강을 '하'라고 불러 모음이 같은 可를 음으로 하였다. 이제 어떤 새로운 말이 생겨도 그릴 필요 없이 의미에 맞는 자에 음이 비슷한 자를 합쳐 문자를 쉽게 만들어 낼 수 있게 되었다.

    六書는 무엇인가. 六書는 한자의 제작 방법으로 상형, 지사, 회의, 형성, 전주, 가차 라는 여섯가지 이다. 일반적으로 앞의 네가지는 제작방법이고 뒤의 두가지는 활용방법이라고 하는데 먼저 앞의 네 가지를 살펴보자.

갑골문은 무엇을 어떻게 기록했나?

　　상나라 제왕들은 신을 의지한 신탁(神託)통치를 하였다. 전쟁같은 중요한 나라의 일을 하늘의 상제나 죽은 조상에게 과연 '전쟁을 해야 하는지, 한다면 승리를 하겠는지, 어떤 장군을 내보내야 하는지' 등을 점을 쳐 묻고 그들의 계시를 받아 행했다. 상대 제왕들은 수백의 크고작은 방국을 거느렸지만 주변 방국의 잦은 도발과 거센 저항에 맞서야했기 때문이다. 농사철에는 비가 오겠는지, 가뭄이 들겠는지, 좋은 수확을 얻겠는지 등도 빠질 수 없는 항목이었다. 갑골문은 이처럼 왕이 해결해야 할 일을 신에게 점을 쳐 물었고, 점 친 내용과 그 결과를 기록한 것으로 이를 복사(卜辭)라 하였다. 따라서 갑골문에는 상대의 정치, 경제 등 국가의 중대사를 비롯해 사회, 문화, 천문, 기상 등 자연의 변화상과 질병의 치료, 왕비가 아들을 낳았는지 딸을 낳았는지 하는 일들까지도 상세히 기록되어 있다. 갑골문의 기록은 일련의 절차와 양식에 따라 아래와 같이 4단계로 기록했다.

1단계　점친 날자와 점친 사람의 이름을 기록했다 (前辭).

2단계　점을 쳐 물었던 내용을 기록했다 (命辭).

3단계　점의 결과를 보고 왕이 길흉을 판단한 내용을 기록했다 (占辭).

4단계　점이 들어맞았는지 그 영험도를 기록했다 (驗辭).

갑골문의 내용을 4단계로 나누어 살펴보자.

1. 戊子일에 점을 치고 㱿이 묻습니다   원문 : 戊子卜, 㱿貞 :

2. 上帝는 4월에 비를 내려줄까요. 上帝는 이번 4월에 비를 내려 주지 않을까요?

　　　　　원문 : 貞 : 帝及四月令雨。帝弗其及今四月令雨。一 二 三 四

3.　왕은 점친 결과를 보고 길흉을 판단해 말했다 : "丁일에 비가 올 것이다. 만약

　그 날 비가 오지 않으면 辛일에 비가 올 것이다."　　　원문 : 王曰 : 丁雨, 不辛。

4. 10일 후 丁酉일에 과연 비가 왔다.　　　　　　　원문 : 旬丁酉允雨。

갑골문의 4단계 기록을 보면 당시 과연 무슨 일이 일어났고 어떤 결과를 얻었는지 알 수 있다. 위의 예를 살펴보면 어느 해 4월 무자일에 비를 원했던 왕은 비가 올지 점쳐 물었다. 점괘는 '丁일 비가 올 것이다.'라고 했는데 그날 정말 비가 왔다는 내용이다. 이 날 점은 적중한 것이다.

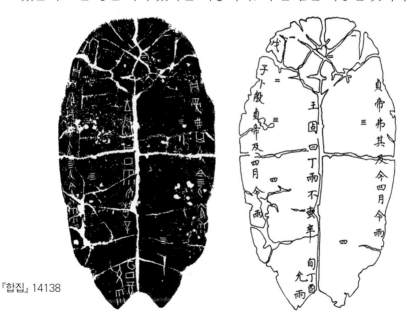

『합집』14138

갑골문에 보면 갑(甲)에서 계(癸)까지 10일을 단위로 점을 쳤고, 마지막 계일에는 반드시 다음 열흘간의 길흉을 점 쳤다. 날짜는 천간지지(天干地支) 22자를 조합하여 甲子, 乙丑으로 시작한 60갑자로 달력처럼 만들어 사용했다. 갑골문은 100여 자나 되는 긴 문장으로 사건을 기록했을 만큼 놀라운 공문서 작성체계와 문자사용의 발전상을 보였다. 상대는 갑골문을 통해 신화시기에서 역사시기로 당당히 진입했고 국가의 역사적 사실과 존재를 확실히 알렸다.

상대의 종교신앙

종교신앙은 그 사회를 구성하는 구성원의 존재와 의식세계를 반영한 것으로 사회가 일정한 단계로 발전했다는 증거이다. 상대에는 왕권의 확립과 이를 강화하기 위하여 일반신과 차별화한 초자연적인 절대권능의 神 上帝를 설정하고 그를 숭배했다. 이는 상대의 종교였다. 동시에 자신들의 조상이었던 조상신을 숭배하고, 나아가 만물도 영혼을 가져 자신들을 돕는다고 여기고 온갖 자연신을 섬겼다. 이들은 神을 어떻게 표현하였을까? 갑골문을 보면 알 수 있다. 당시 사람들을 가장 두려움에 떨게 한 것은 천둥소리였다. 천둥이 치며 전기가 번쩍하는 것을 ◌로 표현하였는데 바로 '申'자이다. 申이 甲申, 丙申하는 地支로 차용되자 '示'를 붙인 神자를 만들어 냈다.

갑골문에 등장하는 신들

상대는 신들의 사회였다고 할 수 있을 만큼 귀신을 섬겼다. 눈에 보이는 삼라만상, 즉 하늘과 땅, 산과 구름, 황하도 신으로 섬겨 국가의 안녕과 풍성한 수확을 기원하며 제사를 올렸다.

辛未卜 : 燎于河受禾. (33272)

신미일에 점칩니다 : 황하신에게 燎祭를 올리면 풍성한 수확을 얻을까요?

壬申卜 : 燎于夒雨

임신일에 점칩니다 : 조상夒에게 燎祭를 드리면 비가 올까요?

『합칩』 33272편

제위에 오른 왕은 조상의 서열에 따라 한차례 제사지내는데 36순(旬) 즉, 일년이 필요하였으니 1년 내내 제사를 지내야 했던 것이다. 따라서 제사(祭祀) 지낸다는 祀자를 1년이라는 개념으로 썼다. 이렇게 귀신을 섬겼던 상대인들을 빗대어 '귀신을 먼저 섬기고나서 예를 차린다(선귀이후례, 先鬼以後禮)'고 까지 말하고 있다.

갑골문에는 수많은 신들이 등장하지만 특히 四方 東西南北의 신들에게는 특별한 이름까지 붙여 제사를 하였다. 갑골문 중의 신의 이름은 현존하는 고대 신화 자료 중 가장 풍부하게 보존된 『산해경』에도 영향을 주었다. 춘추전국시대에 저술되었을 것으로 추정하며 많은 신화를 담고 있어 중국신화의 보고(寶庫)로 일컬어지는 『산해경』의 일부는 갑골문에 기록된 내용도 근거해 기록했음직한 사실을 증명해 주고 있다. 이 뿐 아니라 갑골문은 『시경』, 『서경』, 『춘추』등 여러 중국경전에도 내용이나 체제면에서 크고 작은 영향을 미쳤다. 갑골문과 『산해경』의 내용을 비교해 보자.

갑골문   東方曰析 동방의 신을 析이라고 부른다.

南方曰因 남방의 신을 因이라고 부른다.

西方曰夷 서방의 신을 夷라고 부른다.

北方曰伏 북방의 신을 伏이라고 부른다.

『산해경 · 대황경』   東方曰折 동방의 신을 析이라고 부른다.

南方曰因乎 남방의 신을 因乎이라고 부른다.

西方曰夷 서방의 신을 夷라고 부른다.[5]

갑골문에 상대인들이 직접 기록한 자신들의 조상의 모습을 보면 위와 같이 다양하게 나타냈다.

---

5) 『산해경』: 정재서 역주, 민음사, 1997. 갑골문 : 『합집』, 14294편, 14295편

3천 300년 전 상대에 사방신(四方神)은 上帝나 日月星辰과 같은 제사 대상이었다. 이미 1년중 계절의 순환에 따라 풍향이 달라지고 밤낮의 길이가 다름을 알아낸 것이다. 『대황경』중의 사방신의 작용이 그것이다. 동남서북 순서의 사방신 존재는 춘하추동과 상응되어 봄에 씨뿌리고, 여름에 경작하며, 가을에 추수하고, 겨울에 저장하는 4계절의 농경과정이 상대에 확립되었음을 말해주고 있다.

사마천(司馬遷)의『사기』는 중국의 역사를 약 5천여 년 전의 황제로부터 기술하였다. 고고학적인 측면에서 중국의 고대 사회를 구석기시대, 신석기시대로 구분하였는데 이에 따르면 황제시대는 신석기시대 중기에 해당하며 앙소문화 시기와 맞물린다. 갑골문에 자신들의 조상을 遠祖와 近祖로 나누어 기술하였는데 참 신기하게도 遠祖는 원숭이 모양으로 표현했다. 원숭이의 형상을 벗지 못한 북경원인(北京猿人)의 모습이 전하고 전해져 갑골문시대 사람들의 마음 저변에 먼 조상의 잔영으로 서려 있었던 것은 아니었을까 하는 추리를 해본다. 중국학의 탐구는 바로 중국신화에서부터 찾아야 한다는 생각이 지배하는 근본 이유이다.

전통적으로 중국인들은 문자는 황제의 사관이었던 창힐이 만들었다고 전하고 있다. 그러나 고고발굴에서 황제시기보다 2천여 년이나 앞선 앙소문화시대의 문자를 찾아냈으니 황제의 사관인 창힐은 윗시대의 문자를 총망라하고 시대에 맞게 정리하여 후대에 전한 유일한 사람이었다고 할 수 있다.

2. 신화의 세계

신화의 움이 터 오르다

신화란 무엇인가? 우리는 곧잘 신화는 한 민족 태고의 역사 이야기로 여기고 있다. 그러나 신화는 고대인들이 대자연을 개척하고 극복하며 살던 생활이 전해 내려오면서 마음속에 켜켜이 쌓인 이야기이자 사회현상이라 할 수 있다. 신화는 대부분 고대인들의 현실 생활을 기초로 하였기 때문에 한 민족의 신화 속에는 그들이 자연과의 싸움에서 겪어온 각종 성공 실패의 경험과 자연에 대한 경외심이 담겨있다. 도저히 극복 할 수 없는 한계는 영혼을 가진 신의 영역으로 여겼고 이런 사이 자연스럽게 신에 대한 숭배정신이 움텄다.

중국의 신화가 싹트기 시작한것은 새롭게 출현한 지혜의 인간(新人·智人)이 출현하면서 부터다. 이들은 두발로 걸었던 확실한 직립인간인 북경원인(北京猿人)의 뒤를 이어 도약한 지혜로운 인간이다. 일명 네안델타인으로 불린 이들 인류는 유럽, 아프리카, 미국 등에서 찾을 수 있고 중국 북경부근의 산꼭대기에서 발견된 약 2만 년 전의 山頂洞人이 대표적이다. 이들의 모습은 이미 현대인과 매우 흡사했다.[6]

이 시기에는 사회가 생산능력을 갖추어 물고기나 동물을 사냥하고 안정된 생활을 할 거처도 마련되었다. 이러한 시기는 모계씨족사회로 여성이 사회 조직의 중심역할을 하였던 대략 7, 8천 년 전까지로 내려온다. 사람들은 공동으로 힘을 모아 노동을 하고 언어로 소통하며 생각을 그림으로 그려 교류가 이루어 졌다. 이러한 사람들의 소통관계는 신화 창조의 기본 조건으로 무르익은 것이다.

뒤이어 원시시대가 지나가고 고대사회를 통일한 황제시대에 이른다. 약 5천여 년 전, 이 시기는 문명의 서광을 비추며 그동안 일어났던 수많은 사건들은 신화의 배경이 되었다. 신화의 형성에는 당시 사람들의 특수한 심리가 중요한 동기가 된것이다. 그들은 우리들처럼 꿈을 꾸었는데 꿈속의 현상을 영혼의 작용으로 생각하였다. 육체는 죽어도 영혼은 죽지않는다고 확신하며 장례를 중히 여겼고, 시신의 주위나 관속에 붉은 가루를 뿌려 다시 살아 날것이라는 회귀를 꿈꾸었다. 또한 사람에게 영혼이 있을 뿐 아니라 온 세상 만물에도 영혼이 있다고 믿어 영혼 불멸의 관념이 싹텄다. 이 같은 인간의 상상력은 신화탄생에 강한 원동력이 되었다고 할 수 있다.

---

6) 朱鳳瀚, 주편, 「문물중국사」 중화서국, 2004

虎首人身 (산해경)[7]

　　당시 사람들은 자신이 이루고 싶으나 이루지 못한 것은 상상의 세계에서나마 실현하고자 하였다. 따라서 신화의 상상은 결코 근거 없는 망상이 아니고 씨족사회에서 깊이 갈망했던 일들이었다. 그들의 상상력은 변화무쌍한 신비의 세계를 창조해냈다. 그 환상의 세계는 사람과 동물을 혈연관계로 맺어두기도 하고 서로 간에 변신도 가능하였다. 사람이면서도 동물형상을 한 반신반수를 신성시하여 어떤 신화에는 몸은 사람이지만 얼굴은 호랑이이며 머리에 사슴의 뿔을 달고 새의 날개를 한 신도 등장한다. 사람은 사물로 사물은 인간으로 변신한 경우를 쉽게 찾을 수 있는 것이다.

　　과학적 지식이 부족했던 원시 사람들은 대자연 앞에서 무력 할 수밖에 없었다. 그들은 인간을 압박하는 자연의 위력을 각종 신령들의 농간으로 생각하였던 것이다. 이런 사이에 점차 神의 관념이 싹텄고 마침내 神을 추앙하게 되었다. 신이 있으므로 신의 활동이 있고 다양한 신들의

---

7) 袁珂 편저 『신화와 전설사전』 상해사전출판사. 1986

활동이 이야기로 모아져 마침내 신화(神話)가 탄생되었다.

영웅의 시대가 열렸다.

　　신화와 전설은 종종 혼동되고 한계가 모호하여 보통 신화전설이라 한다. 인간의 생활능력이 향상되면서 각 시기마다 걸출한 인물에 의해 기발한 발명이 이루어졌다. 사실 생활의 발명품은 여러 사람들의 집단 생산과정에서 얻어진 결과였다고 할 수 있지만 사람들은 이러한 성취를 역사적인 인물에 부여시켜 높이 추앙하였다.

　　모계사회에 부락간의 투쟁이 빈번하여 종족의 존망과 승패가 거듭 하면서 자기 부족을 승리로 이끈 인물을 민족의 영웅으로 존경해 마지 않았다. 이들 영웅은 때로 신령의 지위를 대신하기도 하여 자연히 조상 숭배에서 영웅숭배로 이어졌다. 원시 신화 중의 신은 부락의 영웅업적 과 혼합되어 신화와 영웅이 서로 결합되기도 하였다.

　　신의 이야기인 신화와 인간의 이야기인 영웅사적의 결합과정에서 자신들이 알고 있는 부락영웅이 신적인 존재로 등극해 사람들의 열렬한 칭송을 받기도 하였다. 고대인들은 자신들 역사의 굴레 속에 얽힌 상상 의 세계를 신화라는 이름으로 널리 펼쳤다.

　　이같이 역사의 전설화와 신화의 역사화가 동시에 출현하게 되면서 전설은 신화와 혼합 되고 또 분화되었다. 신화가 인격화된 신의 이야기 라면 전설은 신격화된 영웅들의 이야기라 할 수 있는 것이다.

3. 중국 역사를 이어온 신화

중국 신화의 전래

황하를 중심한 중국문명을 비롯해 인더스강을 낀 인도, 나일강과 함께한 이집트 등 여러 문명지구에서는 찬란한 고대 문화를 꽃피웠고 이에 따라 풍부한 고대 신화가 생성되었다. 그러나 신화하면 그리스가 떠오르고 곧 파르테논 신전(神殿)이 연상된다. 이는 현존하는 거대한 신전의 위력과 잘 보존된 신화의 스토리에 매료되었기 때문일 것이다.

이에 비하면 중국은 신화의 보고를 이루고도 잘 보존하여 전하지 못하고 단편적 신화들만 전해진 것이 안타깝다. 중국의 신화들은 전국시대 시인 굴원의 「이소」·「천문」을 비롯해 『장자』, 도가서인 『회남자』등에 단편적으로 기록된 자료들을 볼 수 있다. 현존하는 고대 신화를 가장 풍부하게 담고 있는 책은 『산해경山海経』이다. 총 18권으로 되어 있는 『산해경』은 한 사람에 의해 저술된 것은 아니고 춘추시대로부터 한대에 이르는 동안 이루어진 작품으로 알려져 있다.[8]

역사를 이은 신화적 인물들

중국의 전설시대에 등장하는 신들은 무수히 많고 고대역사 시대를 장식한 용맹스러운 영웅사적과 제왕들도 헤아릴 수 없을 정도다. 그러나 전통적으로 역사의 대통을 잇는 제왕으로는 삼황오제(三皇五帝)를 들고 있다. 三皇은 伏羲, 女媧, 神農 이고 五帝는 黃帝, 顓頊, 帝嚳, 唐堯, 虞舜이다.[9]

五帝의 끝자락에서는 최초의 노예제국가인 하나라가 건국되어 소위 夏, 商, 周 三代로 이어 진다. 五帝의 첫머리에 등장한 黃帝는 약 5천여 년 전의 제왕으로 중국인들이 가장 추앙하는 옛 조상이다. 이렇게 보면 1만 여 년 전의 신석기시대로부터 三皇五帝 시기를 거쳐 夏나라까지 근 6000년간은 선사시기 즉, 신화전설시대이다.

하나라에 이어 건국한 商나라는 554년간 영위하다 주나라 무왕에게

---

8) 袁珂저, 정석원역, 『중국의 고대신화』, 문예출판사. 2004
9) 三皇五帝 명은 여러 설이 있으나 2002년 毛耀順 주편으로 출간된 『中華五千年長曆』(북경기상출판사)을 근거로 하였고 三皇은 신화명과 일치한 설을 택했다.

패망하였다. 周나라는 西周와 東周시대로 나뉘고, 동주는 다시 春秋와 戰國시대를 거치며 전후 825년 간 존속하였다. 전국시대 秦의 시황제는 왕위에 올랐고(B.C. 246) 재위 26년에 최초로 중국의 천하 통일을 이루어 진시황제에 의해 秦(B.C. 221)나라가 건국되었다.[10]

이 장구한 역사는 그 시기를 살았던 사람들과 뒤를 이은 후손들에게 정신적 물질적 자산이 되어 문화유산으로 축적되었다. 따라서 중국 고대사회의 발전과 사회상을 이해하는 것은 중국의 역사, 철학, 문학을 비롯하여 漢字에 관해 깊이 있게 연구하려는 사람, 나아가 폭넓게 인문학을 공부하려는 사람들이 반드시 살펴보아야할 중요한 부분이다. 그 중에서도 필수적인 것은 혼돈의 세계에서 중국의 하늘을 열고 역사를 관통해 내려 온 신화적 인물들이 이룩한 세계로 부터 이해하는 것이 무엇 보다 중요하다는 것은 말할 나위 없다.

---

10) 중국 최초로 통일국가를 이룬 진시황제(B.C.246~B.C.207)가 죽자 아들 胡亥가 뒤를 이었으나 3년 뒤인 B.C.207년 漢고조 유방에 의해 秦은 패망하였다.

제1부

중국의
하늘이
열리다

01
하늘을 열고 땅을 개척한
반고(盤古)

어느 민족이나 자신들의 나라를 세우고 삶을 개척하며 살아온 이야기를 담은 아름다운 신화를 탄생시켰다. 가령 우리의 조상 단군은 하늘의 신 환웅과 땅의 신 곰이 쑥과 마늘을 먹고 하나로 결합되어 탄생했다는 신화가 좋은 예이다.

세상은 어떻게 만들어 졌고 땅은 누가 만들어 냈을까? 과학의 발달로 우주의 신비가 벗겨지기 전에는 신화나 전설이 그 궁금증을 풀어주었다. 중국의 세상을 열어준 신화는 반고가 '하늘을 열고 땅을 개척했다'는 천지개벽(天地開闢)의 이야기에서 시작된다.

반고의 천지개벽

"우주는 하나의 거대한 알 같이 둥근 형체였다. 소리도 없고 빛도 없이 칠흑 같은 그 세계에서 반고라는 한 거인이 살아가고 있었다. 반고는 그 속에서 무려 1만 8 천 년이나 지내다가 더 이상은 견딜 수가 없어 힘껏 기지개를 켰다. 너무나 힘이 세서였을까? 갑자기 큰 괴성이 터져 나오며 껍질이 쪼개졌다. 반고는 분연히 일어나 손에 든 큰 도끼로 사방을 치기 시작했다. 산이 무너지는 소리와 함께 거대한 알은 산산 조각으로 깨어지고 그 속에 있던 모든 물건들도 서로 부딪쳤다. 그 중에서 가볍고 맑은 기운은 위로위로 끝없이 올라가 하늘이 되었고, 무겁고 탁한 것은 아래로아래로 내려와 땅이 되었다.

하늘과 땅을 바라보는 반고의 마음에는 '혹시나 하늘과 땅이 다시 합쳐지면 어쩌나' 하는 근심이 끓어올랐다. 그는 손을 높이 들어 하늘을 받치고 발로 땅을 굳게 딛고 섰다. 그러면서도 반고의 몸은 하루에도 십 척 씩 자라나서 또 1만 8 천 년을 살았다. 이제 하늘은 더 이상 높아지지 않을 만큼 높아졌고, 땅은 더 이상 넓어 질수 없을 만큼 넓어져 하늘과 땅의 거리는 9만 리나 되었다. 반고의 키는 땅에 서서 머리가 하늘에 닿을 정도로 커졌다. 그러나 너무나 힘들고 기진맥진하여 그만 쓰러지고 말았다. 반고는 끝내 숨을 거두었다.

天

바로 선 사람(大)의 머리 위에 하늘을 표식한 모양. 하늘이 사람의 정수리 위에 있기 때문이다. 하늘이라는 '천'의 음도 정수리 '정'에서 따온 것이다.

土

흙이 불룩하게 솟아난 모양이 土이다. 처음에는 흙, 땅을 나타냈으나 땅은 어머니처럼 만물을 만들어내 점차 '땅신(社)'으로 추앙되었다. 땅은 다시 '地'자를 만들어 사용하였다. 地는 土와 여성을 상징하는 也를 합쳤다.

日　　　月　　　星

　　그런데 웬일일까? 죽은 반고의 몸은 꿈틀거리기 시작하더니 조각조각 터져 나와 세상의 각종 요소로 변했다. 그가 토해낸 기운은 바람과 구름이 되고, 소리는 세상을 진동하는 뇌성이 되었다. 또 왼쪽 눈은 해가 되어 온 땅을 비추고 오른쪽 눈은 달이 되어 은은한 달빛을 보내게 되었다.

　　온 몸을 둘러싼 살은 만물을 키워내는 옥토로 변했고, 팔과 다리는 동서남북의 큰 산이 되었으며 피는 호수와 바다가 되어 출렁이게 되었다. 그의 튼튼한 근육과 힘줄은 사통팔방으로 뚫린 도로가 되고, 수염은 별이 되어 하늘에서 반짝이었다. 그뿐 아니라 무성한 머리털은 튼튼한 나무가 되어 온 땅에 무성하게 자랐고 흘러내리는 땀방울은 비와 이슬이 되었다. 돌같이 단단한 치아와 뼈는 금은보석으로 변했다. 높고 푸른 하늘과 넓은 땅을 만들어 세상을 열어 준 반고는 자신의 몸까지도 온갖 사물로 변해 세상을 가득 차게 해주었다."[11]

반고의 신화가 던져 준 의미

　　반고의 신화는 어느 시대를 반영하고 무엇을 의미하고 있을까? 사람들은 아직 역사기록이 없고 추정하기도 어려운 까마득히 먼 옛날을 혼돈시대로 간주하고 알과 같은 형태로 묘사했다. 이 시기에 반고라는 신

---

11) 龔書鐸 주편 『전설시대 하, 상, 주』 봉황출판사 2006

을 등장시켜 과감하게 알을 깨고 나와 중국이라는 세상을 열게 한 것이다. 반고는 세상을 열었을 뿐 아니라 자신의 몸을 불살라 만물을 만들어 냄으로써 신과 인체, 자연과의 합일적인 관념을 표출시켰다. 후세인들은 그를 위대한 창조신으로 마음껏 추앙하고 있는 것이다.

반고 이름의 유래

아주 먼 옛날 高辛王이 세상을 다스리던 때였다. 갑자기 왕비의 귀가 아프더니 백약이 무효하고 시름시름 3년이나 앓게 되었다. 그러던 어느 날 왕비의 귓속에서 누에처럼 생긴 벌레가 기어나오자 병이 말끔하게 나았다. 왕비는 벌레를 박 속에 넣고 쟁반으로 덮어두었다. 뜻밖에 벌레는 용구(龍狗)로 변했다. 용구가 쟁반과 박 사이에서 태어났다고 하여 반호(盤瓠)라고 불렀다. 반호는 다시 사람으로 변해 고신왕을 도와 많은 공을 세웠고 자손도 번창해 후손들은 반호를 조상으로 삼았고 반호(盤瓠)라는 이름은 점차 반고(盤古)로 바뀌었다. 이 고사는 특히 중국 남방의 요족, 묘족 등 여러 종족 사이에 전해지고 있다.[12] 반고가 처음으로 하늘과 땅을 열어 세상을 만든 의미가 담긴 한자들을 보자

손에 기구를 들고 쟁반 같은 도구를 제작하는 모양이 般자다. '일반적'이라는 뜻이 생겨나 더욱 폭넓게 사용되었다. 점차 쟁반이라는 말은 아래에 '그릇 皿'자를 붙인 盤자를 만들어 뜻을 더욱 명확하게 하였다.

般

---

12) 袁珂 저, 정석원 역 『중국의 고대신화』 2004

古

古의 갑골문 형상은 알 수 없으나 인명과 지명으로 썼고 "고"로 발음했다. 춘추시대에 와서 古 형체가 되었다. 한대 『설문』은 古를 근거로 '十과 口'가 합친 자로 보여져 '한 가지 이야기가 열 사람의 입을 거침'으로 보아 '아주 오래 전의 옛날'로 풀이하게 되었다.

初

初자는 처음이라는 뜻으로 衣자 곁에 刀를 합했다. 衣는 윗옷의 목과 앞섶을 그렸고 刀는 칼의 모양이다. 왜 衣와 刀를 합했을까? '처음'이라는 생각을 가장 잘 나타내고 모두가 공감할 수 있는 것이 문자제작의 첫째 조건이다. 고대에 옷 만드는 일은 국가적인 행사였다. 옷 만드는 첫 단계는 가죽이나 어렵게 짠 천을 칼로 자르는 재단이었기 때문에 그것을 '처음', '시작'이라는 말로 삼은 것이다.

신·구석기시대는 돌 다듬기로 구분했다

근 100여 년간 고고학의 발달과 인류학의 연구로 인간의 근원에 대한 실마리가 다소 풀리게 되었다. 1920년대 고고학의 전래로 중국의 고대 사회와 생활을 새롭게 규명하면서 베일속에 가려진듯 모호했던 신화전설시대를 구석기 · 신석기시대라고 분명하게 구분했다.

시대구분은 사람들이 최초로 사용한 도구인 돌을 기준으로 했다. 돌을깨서 만든 타제석기(打製石器)와 갈아서 만든 마제석기(磨製石器)의 사용여부로 시기를 구분한 것이다. 구석기시대는 타제석기를 사용했고, 신석기시대는 마제석기와 도기를 사용했던 것이다.

石

石은 산모퉁이에 돌조각이 떨어져있는 모양이다. 石은 갑골문에서 해서까지 거의 원형대로 이어졌다. 그러나 큰 바위는 '암'이라고 부르게 되자 다시 '岩'자를 만들어 썼다.

구석기시대를 산 北京猿人

구석기시대는 지금부터 약 50만 년 전에서부터 시작하며 약 2만년 전 까지로 잡는다. 초기에 살았던 대표적인 인간은 北京人인데 원숭이를 닮은 인간 모습이어서 '북경원인(北京猿人)'이라고도 하지만 이미 직립보행을 했다. 약 2만년으로 추정하는 후기의 대표적인 인간은 '산정동인(山頂洞人)'인데 이들은 원숭이의 티를 완전히 벗어 현대인과 아주 닮았다.

북경인의 생활

(도 4)북경원인 복원도

북경부근 주구점 용골산의 동굴에서 지내던 북경인들은 삼림이 울창한 대평원에서 각종 열매를 따고 야생동물을 잡아먹으며 살았다. 남성은 사냥을 하고 여성은 들에서 나무 열매들을 땄다. 사냥할 때는 곤봉이나 돌무기를 들고 물고기나 소라, 새를 비롯해 노루, 사슴 등을 잡았지만 불이 없어 생고기를 먹는 등 어려운 생활을 이어갔다.

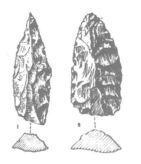

1930년 북경인의 후기 유적지에서 불에 탄 녹각을 처음 발견했다. 이들은 이미 자연적으로 얻은 불을 관리하는 능력이 있었고 점차 고기를 구워 먹음

타제석기 돌창과 돌톱 (羅琨,『원시사회』85쪽)

으로써 영양이 보충되어 두뇌 활동이 원활하였던것이다. 불은 식생활과 체질개선에 큰 변화와 전환을 가져왔다.

북경인이 남긴 최고의 문화 유물은 석기다. 그들의 돌을 깨서 만든 석기 제작 수준은 놀랍도록 발전해 44종에 10만 여점을 남겼다. 돌망치, 돌칼, 돌송곳, 돌도끼 등 다양한 도구를 만들어냈고 돌 칼날이 둔해지면 갈아서 다시 쓰는 지혜를 보였다.

그들이 살았던 동굴길이는 140m 정도이고 중간에 20m가량의 넓은 공간이 있는데 바닥은 13개 퇴적층으로 이루어졌다. 위층일수록 북경인들이 살았던 흔적이 완연한데 6층 이상에서 대량의 석기, 골기가 발견되었고 가장 위층에 개의 화석과 불을 사용한 안정된 생활의 흔적도 보였다.

구석기시대 말기의 山頂洞人의 생활

산정동인은 약 2만 년 전에 살았던 구석기시대 후기 사람으로 북경 부근의 '산꼭대기 동굴'에서 발견되어 붙여진 이름이다. 이들은 원숭이 모습을 완전히 벗어 현대인과 흡사했다. 활과 화살을 만들어 사냥을 하였고 작살로 물고기를 잡았으며, 골바늘, 골창, 골삽 등 생활도구를 비롯한 장식품을 만들어 사용하는 등 새 시대로 한 단계 도약하였다.

　　오랜생활에서 공동으로 신봉하는 신앙이 형성되었을만큼 지적인 수준이 향상되었다. 사람이 죽으면 매장하고 시체주위에 붉은 가루를 뿌렸으며 석기를 수장품으로 무덤 속에 함께 묻어 영혼숭배정신을 나타냈다. 예술 감각도 발달해 동굴이나 바위에 그림을 그려 자신들을 표현하는 인간지혜의 역량을 표출하였다. 이들의 외모를 보면 중년 여성은 에스키모여인과 유사하고 청년층은 아메리카 인디안 및 몽고인종과 흡사했다.

　　일종의 종교의식으로 사슴뿔을 상징물로 몸에 지녔다. 이에 구멍을 뚫고 꿰어 목에 걸면 사악을 쫓고 병을 예방할 수 있다고 믿었다. 골제품에는 한두 개에서 서너 개 오목한 자국이 보이는데 숫자개념을 표시한 흔적으로 여기고 있다. 50만 년 전 북경인의 평균 뇌용량이 1059g이었다면, 후기 산정동인은 1300~1500g으로 늘어나 그간 인지가 크게 발전하였음을 보여준다.[13]

　　갑골문 중의 人자를 보면 직립한 인간인 사람이 측면 모양을 그렸다. 머리는 없고 노동의 주체인 두 팔을 앞으로 하고 신체를 지탱하는 척추와 다리를 그렸다. 바로 猿人의 단계를 탈피한 新人이다.

(도 5) 산정동인 남녀의 복원도

---

13) 朱鳳瀚, 주편, 「문물중국사」 중화서국, 2004(도 4, 5)

人의 형상

중국인들은 왜 빨간색을 좋아하나

삶과 죽음의 관계를 잘 이해하지 못했던 상고시대 사람들은 영혼불멸을 믿으며 사망을 새로운 생명의 시작으로 보았다. 그러므로 사후에는 영혼의 옛집으로 돌아가고 다시 환생한다고 여겼다. 영혼은 어떻게 몸에서 빠져나갈까? 그들은 사람이나 동물이 피를 흘리며 죽는것을 보면서 피를 흘려야 사람으로 환생하며 새생명을 얻는다고 생각했다. 피는 붉다. 피의 붉은 색을 선호하다가 점차 붉은 색을 신성시하였다.[14]

2만년전 산정동인과 7~8천년전 양소시대 묘지에서도 붉은색 주사(朱砂)의 흔적이 발견되었고, 점차 나무관을 사용하면서 관 속에 붉은칠을 하였다.

중국인의 붉은색 사랑은 현대까지 끊임없이 이어왔다. 큰 건물의 기둥이나 주택의 대문도 다홍색이 차지했다. 명절에 주는 세배돈이나 축의금은 반드시 붉은 봉투에 넣어야 한다. 명절이 오면 어른들은 붉은 봉투 장만에 분주하다.

赤

붉은 색을 나타내는 赤자는 훨훨타는 불 위에 사람을 태우는 모양이다. 붉게 타오르는 거센 불길에서 '붉다'는 의미로 인신되었다.

---

14) 許進雄. 『古事雜談』「葬俗流変」 대만상무인서관. 1991

사람을 만든 여와(女媧)

여와는 사람을 만든 여신이다. 반고가 열어 놓은 하늘 밑 넓은 땅을 거닐다가 정작 그 속에 살아야 할 사람이 없어 사람들을 만들었다. 하늘 아래 그가 만든 많은 사람들이 옹기종기 살아가는데 이번에는 하늘이 뚫리는 재앙을 만났다. 여와는 급히 손을 써 보수했고 열심히 살아가는 자식 같은 사람들이 외롭지 않게 결혼도 시켰다. 여와는 어머니 같은 자애로움으로 사람을 만들고 결혼까지 시키는 인간의 중대사를 두 가지나 해결한 신중의 신이었다.

사람을 만든 여와 (女媧造人)

여와는 긴 꼬리를 흔들며 반고가 만든 광활한 땅에서 산천초목과 풀벌레 울음소리를 들으며 한가로이 거닐었다. 드넓은 세상을 보며 불현

듯 밀려오는 외로움을 느꼈다. 어느 날 여와는 황하 언덕을 거닐다가 맑은 물에 비치는 자신의 아름다운 모습을 보고 황홀경에 빠졌다. 슬며시 한줄기 마음의 동요가 일더니 기묘한 생각이 떠올랐다.

잠시 깊은 사념에 빠졌던 여와는 급히 황하 강변의 흙을 황하 물로 이겨 자신의 모습과 꼭 닮은 진흙상을 만들기 시작했다. 다만 뱀 같은 자신의 긴 꼬리 대신 두 발을 만들어 두 손과 어울리게 하였다. 사람 형상을 만든 후 그는 진흙상의 입에 후우하고 숨을 불어넣었다. 신기하게도 진흙상은 바로 움직이며 걸었고 말을 할 수 도 있었다. 더 이상 외롭지 않았다. 여와는 그들을 '사람'이라고 불렀다.

여와는 날마다 쉬지 않고 사람을 빚어냈다. 쉬지 않고 일하여 기운은 쇠해 가는데 '언제 세상에 사람으로 가득하게 만든 담'하고 한심한 생각이 들었다. 여와는 들로 나가 길게 자란 풀을 꺾어 실타래를 엮고 굵은 새끼줄을 만들어 사방으로 후려쳤다. 새끼줄로 땅을 치기 시작하자 작은 사람들이 올망졸망 생겨나 흥겹게 춤을 추었다.

여와의 자녀와도 같은 사람들은 이렇게 여와의 손에서 탄생되었고 마침내 세상은 사람으로 가득하게 되었다. 여와는 인간의 탄생이라는 위대한 일을 해낸 불멸의 여신으로 떠올랐다.[15]

女와 母

女는 여성이 두 손을 무릎에 모으고 다소곳이 꿇어앉은 모양이다. 아기를 낳아 기르는 어머니는 女의 가슴에 두 점을 찍어 母자를 만들었다.

---

15) 龔書鐸, 『진실시대, 하상주』 봉황출판사, 2006

하늘구멍을 막은 여와 (女媧補天)

여와는 사람들을 만들어 냈지만 또 다시 큰 걱정에 빠졌다. 어찌된 일인지 근심은 끊이지 않고 일어났다. 마치 세상의 엄마들이 자식들 걱정이 끊일 새가 없듯이. 여와는 이번에 또 무슨 걱정을 하였을까?

여와는 자신의 자녀들이 세상을 살아가면서 이런저런 재앙에 시달리는 모습을 보고 괴로웠다. 어느 날 하늘에 사는 흑룡이 난동을 부려 그만 하늘에 구멍이 나고 말았다. 쉴 새 없이 구멍을 타고 내리는 비로 사람들은 물에 잠기거나 떠내려가는 등 말할 수 없는 고통에 시달리고 있었다.

여와는 빨리 그 큰 구멍을 막아야겠다고 생각하여 황급히 바다에서 오색 돌을 건져다 불에 녹여 아교처럼 무르게 만든 다음 구멍을 막기 시작했다. 구멍은 막으면 터지고 막으면 또 다시 뚫렸지만 쉴 새 없이 보수해 드디어 구멍 난 하늘을 다 막았다.

補天(보천)은 뚫린 하늘을 보수한다는 뜻이다. 뚫린 구멍을 막고 난 뒤에는 하늘을 받치는 기둥이 부실하여 기울어질까 걱정이 되었다. 그는 바다로 나가 큰 거북이를 잡아와 네 다리로 하늘을 받치는 기둥을 교

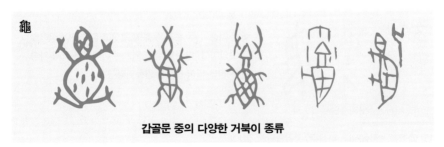

갑골문 중의 다양한 거북이 종류

체하였다. 이제야 큰 구멍을 막고 기둥도 갈아 끼
워 하늘이 무너질 염려를 덜게 되었다.

龜
갑골문 귀는 거북이를 위와 측면
에서 본 모양이다.

　여와는 이제 강렬한 눈빛을 대지에 비추어 홍수
로 진흙투성이가 된 땅을 말리고 야수들이 더 이상
사람들을 해치지 못하게 대비하였다. 마치 자상한
어머니가 자녀를 돌보듯 세심하게 보살폈다. 여와의 피나는 노력으로
사람들은 재앙에서 벗어났고 다시금 행복하고 기쁜 나날을 맞게 되었
다.[16] 여와는 보천의 명수일 뿐만 아니라 치수의 영웅이었다.

거북이의 상징

　긴 다리를 좋아하는 현대에서 아주 짧은 다
리는 '장롱다리'라고 빗댄다. 소나 말에 비하면
거북이는 누가 뭐라 해도 장롱다리임에 틀림없
다. 여와가 거북이의 다리로 하늘기둥을 교체하였

(도 6) 점복용 귀갑과 돌

다는 것은 무엇을 상징할까? 천년을 산다는 신령한 거북
이는 신화속의 하늘이 열리는 시대부터 홍수를 막는 데도 큰 힘을 보탰
다. 신석기 시대에는 점치도구로 쓰였다. 하남성의 신석기 시대 남무사
의 무덤에서 8쌍의 점복용 龜甲이 작은 돌과 함께 발견되었다. 이는 사
상 최초의 점복 도구였다.[17] 상대의 거북이는 넓은 배뼈에 문자를 새긴
채 3,300년을 넘어 오늘에까지 빛나고 있다. 역대 왕조에서 왕의 도장

---

16) 袁珂 저, 정석원 역 : 『중국의 고대신화』 문예출판사, 2004
17) 劉緯, 張淸儀, 『문명의 전기』 상무인서관, 2003

옥쇄는 어김없이 거북이모양으로 제작하였다. 고대인들의 거북이에 대한 숭배정신은 깊고도 길게 이어지고 있다.

결혼이란 제도를 만든 여와 (婚姻制度創案)

가지 많은 나무 바람 잘 날 없듯이 여와에게는 또 다른 근심이 생겼다. 자신이 만든 사람들이 죽으면 어쩌나하는 두려움에 싸이게 된 것이다. 고심에 고심을 거듭한 끝에 여와는 또 다시 기발한 생각을 해냈다. 결혼이라는 제도를 창안해 내었다.

여와는 사람 만드는 일을 계속하면서 조금씩 지치기 시작했다. 이 무렵 문제를 해결하기 위한 묘안으로 떠올랐다. 그것은 사람들을 서로 결혼하게 하여 자신들의 아이를 낳아 기르게 하면 어떨까 하는 생각이었다. 이 좋은 방법을 생각해낸 여와는 기뻐서 어쩔 줄을 몰랐다. 여와는 드디어 사람을 남자와 여자로 구분하여 만들고 결혼이라는 과정을 통해 살면서 자신들이 아이들을 낳아 기르게 하였다. 남녀가 서로 사랑하는 감정이 일도록 아름다운 음악을 만들어내기까지 하였다.

우선 여와는 피리와 북을 만들고 그 외에도 다양한 악기를 만들어 냈다. 그는 악기로 벌레 울음소리, 바람소리, 새소리 등 흥을 돋울 수 있는 감미로운 음악을 연주해 행복하고 기쁜 마음으로 남녀가 서로 사랑하게 한것이다. 여와는 최초이자 최고의 중매쟁이로 남녀사이를 짝으로 맺어 주어 결혼하게 하였다.

取와 娶  取는 손으로 귀를 잡고 있는 모양으로 적군의 귀를 취해 옴으로 전공을 알렸는데, 여기서 '취하다'는 뜻이 되었다. 점차 남성이 여성을 아내삼는것도 '취'라고 하였는데 이 때는 女를 붙인 娶를 만들어 전용했다.

昏과 婚 昏는 해가 기울어 땅까지 내려오는 오후 6시 경으로, 중국 인들은 이 때 결혼을 한다. 결혼에는 婚자를 쓴다.

결혼(結婚)의 婚자에 들어있는 昏자는 해가 서산으로 기울어 땅 밑까 지 내려온 모양이다. 日[해]에 아래라는 低의 변형 氏를 합친 昏자는 오 후 6시경인 혼시(昏時)를 뜻한다. 이때는 낮의 양기가 내려오고 밤의 음 기가 성해져 음양이 교차하는 시간이다. 주로 낮 시간에 결혼예식을 올 리는 우리와 달리 중국에서는 昏時를 남녀가 하나 되는 혼인시간으로 잡았다. 점차 女를 붙인 婚자를 만들어 결혼에만 썼다.

大  夫  夫는 성인 남성인 大의 머리에 상투를 상징하는 ― 획을 붙여 지아비夫를 만들었다

妻  妾  妻는 女인이 손으로 머리를 만지는 모양으로 머리 단장하는 여인이다. 妾도 머리에 장식을 한 여인으 로 妻, 妾이 모두 고대에는 '부인'을 뜻했다. 후대로 오면서 妻는 예를 갖추고 혼인한 여인을, 妾은 예를 갖추지 않고 사는 여인으로 신분이 낮아졌다.

갑골문의 결혼 민속과 문자

결혼에 절차가 있었을까? 3,300년 전 상대 왕들의 결혼에는 이미 절차가 있었다. 이 절차들은 주나라로 전해져 '六禮'라는 6가지 결혼절차의 근원이 되었다.[18]

1단계	納采	남방이 구혼한다.
2단계	問名	여방이 허락한다.
3단계	納吉	길일을 점친다.
4단계	納征	길일을 여방에 알리는 절차로 약혼이다.
5단계	請期	혼인날을 정한다.
6단계	親迎	결혼예식이다.

상왕은 이미 위 6가지 절차를 거쳐 혼인했다.

1. '取(娶)' 남방의 구혼을 받고 허락하는 절차이다.(1, 2단계)

   辛卯卜, 爭：呼取鄭女子.　　　　정씨족의 여자를 맞이할까요?

   勿呼取鄭女子.『合』536　　　　정씨족의 여자를 맞이하지 말까요?

2. '告' 남방이 점을 쳐 얻은 길일 여방이 택일하는 약혼이다.(3, 4단계)

   貞：翌庚寅, 王告.　　　　다음 경인일을 왕의 혼사날로 정할까요?

   貞：王于甲午告.『合』1051　　　왕은 갑오일을 혼사 날로 할까요?

3. '往' 상대에는 세도가 강한 쪽에서 날을 택했다.(5단계)

   결혼은 주로 2월 仲春에 했고, 丁日을 길일로 잡았다.

4. '媵' 딸에게 주는 혼수품과 도움이를 媵이라 했다.(6단계)

---

18) 宋鎭豪, 「中國風俗通史」 상해 문예출판사, 2001

탕왕에게 시집온 유신씨의 딸은 *伊尹*을 데려와 그를 *媵臣*이라 한다. *伊尹*은 상대에 크게 공헌한 대신이 되었다.

5. '迎'   신랑이나 신부를 나아가 맞이하는 결혼이 親迎 혹은 迎이다.

여신 여와

氏

사람을 만들었다는 여와는 어떤 존재인가? 여와의 이야기는 초나라 때 굴원이 쓴 『楚辭 · 天文』에 처음 등장하는데 얼굴은 사람이지만 뱀 몸을 한(人面蛇身) 신으로 묘사된 여신이다. 『說文』에서는 '媧'자를 '고대의 聖神女로서 만물을 창조한 자'라 하였다.[19] 중국의 신화인물 중에서 불멸의 신에게만 붙여주는 '氏'를 붙여 '女媧氏'라고 칭한 것을 볼 때 여와는 고대 신화에서 특별한 의미가 있다. 이에 근거하면 여와는 인간을 만들고 천지만물을 만들었다는 上帝와도 비견되는 신이다.[20]

여와 신화의 탄생의 배경

중국의 신화에는 많은 신들이 있지만 여신은 많지 않다. 최초의 여신 여와는 사람을 만들고 결혼시켜 후손을 잇게 하였다. 이는 어머니로서 세심한 손길로 자녀를 돌보듯이 막중한 일을 감당해 낸 위대한 모성의 표상인 것이다. 그의 형상은 인간과 뱀의 합일체로 '人面蛇身'을 하고 있다. 여와가 사람을 만들때 새끼줄[繩結]을 이용했다. 뱀(蛇)을 숭배하는

---

19) 許愼, 『說文解字』 설문 출판사 – 여명문화사업공사. 1974
20) 袁德星, 「龍的原始」 『중화문물학회』 77年刊

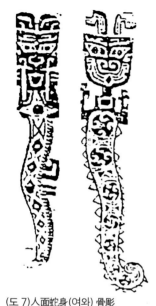

(도 7) 人面蛇身(여와) 骨彫

자들은 무서운 실제 뱀보다는 뱀처럼 꼰 새끼(繩)를 제물로 삼는 관습이 있어 새끼줄은 뱀을 상징하였다. 여와가 인간을 만들 때 자신의 몸과 같은 새끼를 이용한 것도 이 때문이다.

여와의 이야기는 아득히 먼 시기를 지나 신석기 시대로 접어들면서 모계사회를 탁월하게 이끌던 여성을 대변해 주고 있다. 여와신화는 사회의 지도자로 경제·문화를 주도하고 자녀를 낳아 기르던 여성, 그 자녀에게 자신의 성을 따르게 했던 모계사회의 시대적 배경과 정서가 담긴 신화인 것이다.

모계사회

원시시대 여성이 사회를 이끌던 시대가 모계사회이다. 통치권은 어

반파 모계씨족의 촌락

(도 8) 紅陶浮彫龍紋 『문명의존기』 29

머니에서 자녀의 대표인 딸로 이어졌다. 여성이 배우자
를 택하여 결혼하고 선택된 남성은 처가에서 결혼 생활
을 하였다. 거듭된 결혼으로 많은 자녀가 태어나도 모두
어머니의 성을 따 '어머니는 알아도 아버지를 모른다(知
其母, 不知其父)'는 말로 이 시대를 대변하였다. 따라서
'여성(女)이 아이를 낳았다(生)는 의미'의 姓을 성씨로

姓

삼았다. 사회가 발전하면서 경제범위가 확대되어 강한 힘으로 통제해야
하는 사회로 변화하였다. 남성이 주도권을 잡은 부계사회가 고개를 든
것이다. 夏나라부터 부계사회로 접어들면서 아버지가 모든 권한을 갖고
자녀는 아버지 성을 따르게 되었다. 상대는 완전한 부계사회로 전환된
사회였다.

모계사회의 생활 모습

모계사회의 생활상을 잘 보여주는 곳은 서안의 반파(半坡)와 강채(姜
寨)이다. 7~8천년 전으로 추정하는 이곳에서 모계 대가족이 모여 이룬
부락의 터전을 발견했다. 중심 되는 5채의 큰집 주위에 작은 집들이 있고
중앙에 광장이 있는데 집들은 모두 광장을 향해 출구를 내고 수시로 지
시를 받았다. 이런 형태는 어머니가 일족을 이끌고 생계를 책임지는 모
계사회의 전형으로 적으로부터 부족을 방어하는 태세를 보여주고 있다.

반파의 도기는 흑갈색의 아름다움을 보여 '채도문화'라고도 부른다.
마제석기와 골기로 낚시 바늘, 화살 등을 만들어 사용했다. 1천 도가 넘
는 고온에서 도기를 굽고 그 위에 사람, 동물, 물고기 등을 문양으로 새

긴 수준 높은 예술성을 보여주고 있다. 집안에 도기들이 놓여있다. 도기의 가장자리에는 도예가의 싸인으로 추정하는 문자를 새겨 최초로 문자 사용의 자취를 남겼다. 이들을 모아 놓은 도면상의 부호들을 보자.[21]

(도 9) 반파 작은 원형 가옥 복원도

(도 10) 반파 도편상의 도문

---

21) 林壽晉. 『반파유지종술』중문대학출판사 1987

03

사람을 깨우친 복희씨(伏羲氏) 이야기

고대 신화에는 수많은 신령들이 출현하지만 그중에서 사람들의 생활을 한 단계 도약시킨 신화적인 인물은 복희다. 복희는 사람들이 살아 나가는데 유익한 물품을 발명하여 인간 생활향상에 크게 공헌하였다. 후세사람들은 그를 신으로 추앙하며 마치 왕관과 같이 이름에 '氏'라는 칭호를 붙여 주었다. 복희씨는 과연 어떤 인물일까?

역사 무대로 등장한 복희씨

아주 먼 옛날 중국의 서북방에 '화서씨(華胥氏)의 나라'라는 신선국이 있었다. 그곳은 너무 멀어 걸어가든 차를 타고 가든 일생동안 가고 또 가도 도달할 수 없는 곳이었다. 신선의 나라이니 그 나라 사람들은 모든 것을 자연에 의탁해 살아가고 생의 고달픔도 죽음의 두려움도 없었다.

雷

가령 사람들은 물에 빠져도 죽지 않고 불속에 뛰어들어도 화상을 입지 않으며 하늘을 자유로 날고 높은 언덕이 있어도 아무 장애를 받지 않았다. 실로 거칠 것이 없는 여유로운 신선생활을 하고 있었던 것이다. 그곳이 바로 복희가 태어난 곳이다.

'화서씨의 딸'이라고 불린 복희 어머니는 어느 날 동방의 '뢰택(雷澤)'이라는 곳을 지나다 큰 발자국을 발견하고 호기심이 생겨 힘껏 밟았다. 순간 전율이 느껴지더니 몸의 변화가 일어났고 마침내 아이를 갖게 되었다. 얼마 후 아들을 낳았는데 그가 바로 복희(伏羲)였다.

옛 사람들은 자신들의 영웅은 초월적인 부모에게서 태어났다고 믿었고 초자연적인 능력을 가지고 태어나기를 바랐다. 복희도 예외가 아니었다.

그러면 그 발자국은 누가 남긴 것이었을까? '雷澤'은 천둥의 신, 뇌신(雷神)이 주관하는 곳이므로 발자국의 주인은 당연히 사람머리에 용의 몸을 한 뇌신의 것이었다.

복희는 뇌신의 아들이라고 불리며 성스럽게 태어났다. 공교롭게도 복희도 여와처럼 '사람 얼굴에 뱀의 몸'을 한 人面蛇身의 신이었다.[22]

(도 11) 人面 蛇身 陶瓶

---

22) 楊可揚 주편. 『중국미술전집. 陶瓷』.81 상해인민미술출판사. 1988
朱鳳瀚 주편, 『전설시대 하 상주』 봉황출판사 2006

사람을 지혜롭게 발전시킨 복희씨

복희씨는 원시시대 문화를 한 단계 끌어올려 사람들이 일상을 지혜롭게 살아갈 수 있는 新人으로 도약시켰다. 그리고 복희 자신은 역사무대에 당당히 등극한 전환기의 영웅이었다. 우리가 고대인들을 칭할 때 원숭이 모습을 지닌 사람은 원인(猿人)이라 하고 인간 모습을 한 사람들은 고인(古人), 도구를 만들어 썼던 지혜로운 사람은 신인(新人)이라 부른다. 복희씨는 사람들을 古人에서 新人으로 이끌었다.

(도 12)人頭龍身의 伏羲

구석기시대 북경인들은 사냥에서 작은 짐승들을 잡아 먹기에도 힘겨웠다. 그러나 새로운 지식을 갖춘 신인류가 출현한 신석기시대에 이르러서야 본격적인 사냥을 하게 되었다. 이때 사람들은 기묘한 손놀림으로 돌, 뼈, 조개로 도구를 만들고 질그릇을 굽기 시작한 지혜롭고 총명한 인간으로 발전했다. 그 한가운데 복희씨가 있었다.

씨족사회를 이루고 살던 복희는 사람들이 손으로 힘들게 물고기를 잡을 때 그물을 짜서 많은 물고기를 잡게 하고, 망을 짜서 동물을 잡게 하였다. 또 야생 동물을 생포하여 자기들 주변에서 길들일 수 있게 하였다. 나아가 흙을 빚어 질그릇을 굽고 바늘, 빗 등 여러 도구를 개발하는 등 탁월하고 창의적인 아이디어로 인간 생활을 개선하고 편리를 추구하여 실생활에 큰 도움을 주었다.

사람들은 그 은혜에 보답하기 위해 그의 이름에 참으로 영광스러운 면류관인 '씨(氏)'자를 붙여 '복희씨'라 칭했다.[23]

결혼규칙을 정한 복희씨

여와는 흙으로 남자와 여자를 빚어 세상을 살아가게 한다음 이들이 서로 결혼하도록 하였지만 단지 좋아하는 남녀를 부부로 짝 지우는 것이었다. 원시시대 사람들은 형제자매나 가까운 친척 간에도 결혼을 하였지만 머지않아 근친사이의 결혼이 가져온 피해를 알아 차렸다. 이에 복희씨는 가까운 친척 간의 결혼을 금하는 규정을 정하였다.

이때는 이미 혈연 관계로 맺는 씨족사회조직이 구성되었다. 복희씨가 정한 제도의 내용은 결혼을 하려는 남자나 여자는 같은 씨족이 아닌 다른 종족에서 배우자를 택하게 하는 것이었다. 즉 모계사회의 특성은 여성이 아이를 낳으면 모두 어머니의 성을 따랐는데 같은 성씨끼리는 결혼을 하지 못하게 한 것이다.

이처럼 복희씨는 인류 진화과정에서 백성들에게 '사냥법'과 '혼인법'이라는 민생과 직결된 두 가지 중요한 이정표를 세웠다.

---

23) 龔書鐸, 劉德麟, 주편 『전설시대·하상주』대만 봉황출판사, 2006
何新, 『제신의 기원』 중국민주법제 출판사, 1988

복희씨 시대의 변화

복희씨는 낚시 도구와 화살등을 제작해 어업과 사냥을 발전시켜 생활화함으로 사람들은 육류 단백질을 공급받아 영양이 충실해졌다. 나아가 혈족 간 결혼을 금지하는 제도를 제정하고 혼례에 예를 갖추게 하여 결혼을 한 단계 격상시켰다. 이 두 가지는 인간의 체질개선과 진화에 결정적인 작용을 하여 대단위 씨족형성의 기틀을 마련하였다. 또한 결승과 8괘를 만들어 일상의 일을 기록하는 신기원도 마련하였다고 전한다.

복희와 여와의 결혼 이야기

1972년 중국 호남성 장사(長沙)의 마왕퇴(馬王堆)에서 2천년 전 前漢 시대의 비단에 그려진 '上帝女媧'라는 그림이 출토되었다. 그 속의 여와는 홀로였다. 그러나 후한시대에 그려진 여와 곁에는 어김없이 복희가 등장한다. 이는 모계사회에서 남성 중심의 부계사회로의 전환을 말해주는 것이다.

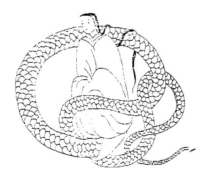

A. (도 13) 서한 馬王堆 帛畵 여와

B. 석각 복희 여와 화상
(유육광 토템신화 115)

(도 14) 석각 복희 여와 합체도(하신, 제신의 기원 64)

여와는 사람을 남녀로 구분하여 만들고 남녀를 결혼시켜 인간이 자녀를 출산하게 한 공로를 한 몸에 지녔다. 복희는 가까운 종족끼리는 결혼을 하지 못하게 금지시켜 결혼제도를 개선함으로써 인간세상을 더욱 복되게 하였다. 후세의 신화에서는 여와와 복희를 남매라고도 하고 역사의 흐름과 시대 상황을 받아들여 여와는 복희와 결혼을 하였다고 각색하고 몸을 연결시켰다. 또한 이들을 중국에서 최초로 결혼한 부부로 정하고 두 사람이 결혼한 모습을 그린 결혼도(結婚圖)까지 그려 놓았다.

팔괘(八卦)

『周易』에서 복희씨가 팔괘를 만들었다고 전하고 있다. 八卦는 陰爻 --와, 陽爻 ━를 3층으로 결합하여 만든 여덟 개의 卦를 말한다. 이들은 다시 두 개씩 포개 복괘 64개를 이룬다.

乾☰　坤☷　震☳　艮☶　離☲　坎☵　兌☱　巽☴

（건）　（곤）　（진）　（간）　（리）　（감）　（태）　（손）

『周易』은 이어 팔괘를 인간의 신체 구조나 혈연관계와 연관 지어 乾을 父, 坤을 母로 보는 등 팔괘로 당시의 철학을 상징적으로 나타내었다.[24] 漢代에는 8괘가 자연계의 물상을 상징한다는 八卦 고문자설까지 나왔고, 송대 정초는 "☵(坎)은 水가 되었고, ☲(離)는 火, ☷(坤)은 巛이 고 주장하였다.[25] 그러나 현재 最古의 문자인 갑골문이나 금문을 보면 단지 一은 숫자 1과 같고, ☰은 숫자 3과 유사해 보이나 다른 부호는 문자와 일치점을 찾기 어렵다. 문자학자 唐蘭은 八卦의 고문자설을 강력히 부인하면서 八卦는 셈 막대를 늘어놓은 모양이라고 하였다. 甲骨文의 10까지의 숫자를 보면 8이내의 숫자는 대부분 직선 획을 응용하여 만들었다.

一　二　三　三　X　介　十　八　〈　丨

（一）（二）（三）（四）（五）（六）（七）（八）（九）（十）

신과 인간 사이의 使者 _ 巫

고대사회에서 인간과 신의 교량 역할을 한 촉매자는 우리가 무당이라고 하는 무사(巫師)였다. 초기에 무사는 신들과 소통하는 능력이 있어

---

24) 盧台俊譯解, 『周易』 弘新文化社,
25) 鄭樵. 『六書略』은 한자 형체구조를 분석한 저서로 송대의 언어문자 학자 정초가 (1104- 1162)가 펴냈다.

(도 15) 반파 魚紋 彩陶盆

반파 채도분 도안

사람들의 어려움을 신에게 고하고 해결책을 강구해 씨족들의 복을 기원하고, 질병을 치료하는 정도에 그쳤다. 그러나 점차 신앙을 지배하는 권위적인 무사가 출현 하였고 약 7천 년 전 앙소문화 시기에 무사들은 매우 활발하게 활동하였다.

반파의 인면어문채도분(人面魚紋彩陶盆)에는 사람의 양 귀에 물고기가 있는데 사람 귀에 입을 대고 뭔가 소곤소곤 이야기하는 모계사회의 지도자 형상이 그려져 있다.『산해경』에 '뱀 귀걸이를 한 무사'가 등장한 것을 볼 때 이 무사는 분명 물고기귀걸이를 한 것이라고 할 수 있다. 고대 무사들은 뱀, 물고기, 호랑이, 용 등 동물의 힘을 빌려 신과 소통하고 긴박한 사정을 신에게 전달했다. 씨족사회에서 신과 통했던 무사는 자신의 능력으로 씨족을 위해 헌신하여 존중을 받았다. 그러나 무사들이 절대적인 권력을 행사하는 위치에 오르게 된 것은 훨씬 뒤인 용산문화시기에 와서 이루어졌다.

龍과 토템과 문화

고대 신화에는 사람의 얼굴에 뱀의 몸을 한 人面蛇身의 신이 많이 등장한다. 광활한 초원에서 뱀이나 악어는 두려운 존재였고 이들을 극복하려는 의지는 오히려 이

들을 토템으로 삼았다. 원래 토템은 실물대상을 취하여서 12 干支 중 용은 존재하지 않는다. 뱀과 악어는 고대인들의 생활과 긴밀한 관계가 있었으나 점점 신성시되어 龍 같은 상상의 동물로 태어났다.

龍

용은 뱀(蛇)에서 근원되었다. 한자의 뿌리인 갑골문에 蛇 자는 없고 뱀 머리에 발인 止를 붙인 타(它)자가 있다. '它'는 그것이라는 의미이고 '재앙'을 뜻하였다. 고대 초원지대에서 뱀은 가장 위협적인 존재여서 모두 '그것'에 공포가 컸다. 뱀은 점차 숭배의 대상이 되고 龍이라는 상상의 동물로 승화되었다.

상대에는 龍을 토템으로 삼은 龍 부족이 있고, 하남성 복양(濮陽)의 6 천여 년 전의 묘지에서 시신 옆에 조개껍질을 배열한 용의 도안이 발견됐다. 이는 최초의 용의 형상인데 악어와 흡사한 사실적이고 역동적인 조형물이었다. 긴 입과 늘씬한 몸, 짧은 다리에 꼬리는 길지만 뿔은 없다.

它

갑골문 龍은 머리에 관이 있고 몸과 발은 감기게 표현하였다. 용은 발이 짧은 파충류지만 여러 동물의 특징을 합한 신묘한 동물로 표현했다. 고대 농업국에서 용은 비를 관장한다고 믿어 특별한 존중을 받았기 때문이다. 상대인의 정신에 龍에 대한 신성한 관념이 싹텄고 주대에 더욱 발전했다. 한대에는 용이 왕실을 상징하는 동물로 격상 되었는데 이는 『사기』에 한 고조 유방의 어머니가 용꿈을 꾸고 나서 유방을 낳았다는 출생신화 영향이라고 전한다.

용의 강한 힘은 남성을 상징하여 동양인들의 마음에 자리잡으면서 수천 년에 걸쳐 존중을 받고 있는 것이다.

左青龍 右白虎의 기원

우리는 일상생활에서 자녀나 조력자들을 좌우 양측에 두고 동행 할 때면 그 광경을 좌청룡, 우백호라고 예찬한다. 언제든지 그들의 도움을 받을 수 있어 보기에도 든든하다는 의미일 것이다. 하남성 복양의 6천 년 전 신석기시대 묘지에서 시신의 양쪽에 龍과 虎를 조개로 조합한 도안을 발견하였다. 당시 흔했던 조개껍질로 역동적이고 생생하게 조합한 형상은 사실적이고 예술성이 뛰어난 작품이 아닐 수 없다. 당시 사람들의 토템이었던 龍과 虎는 그들의 수호신이었다. 사후에도 지속적으로 도와주기를 바라던 염원이 담겨 있고 그 정신은 현재까지도 이어지고 있는 것이다.

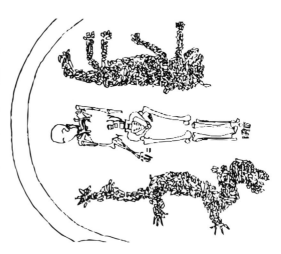

(도 16) 하남 복양 6천년 전 동용서호 도안[26]

중국인과 숫자

상업에 종사하는 사람을 '商

---

26) 許進雄. 『古事雜談』 대만상무인서관. 1991

人'이라고 한다. 풀어 말하면 '상나라 사람'이다. 상족의 먼 조상들은 일찍이 길들인 말에 물건을 가득 싣고 다니며 거래를 잘 하여 주변 종족들이 장사를 잘하는 그들을 商人이라고 붙여준 애칭이다. 지금까지도 그대로 쓰인다. 그 장점을 이어 받은 중국인들은 셈에 철저하다. 셈에는 숫자가 따르는데 때로는 생활의 금기를 숫자에 부여한다. 陰과 陽의 이원적 사고와 중앙을 중심으로 한좌우대칭을 좋아한 그들은 짝수를 선호한다. 둘은 넷이 되고 넷은 8이 된다. 8은 또 동전의 포개진 모양이고 그 발음은 '재산이 대박난다'는 發財(파차이)의 發와 비슷하여 최고로 좋아하는 숫자다. 이와 반대로 발음 때문에 낭패를 보는 숫자도 있다. 三(싼)은 '흩어지다'는 散(싼)과 같고, 四는 死와 음이 같으며, 七(치)는 '화내다'는 氣(치)와 음이 같아 특히 경사에 환영 받지 못하는 숫자이다.

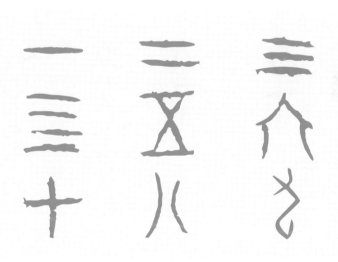

十　　　百

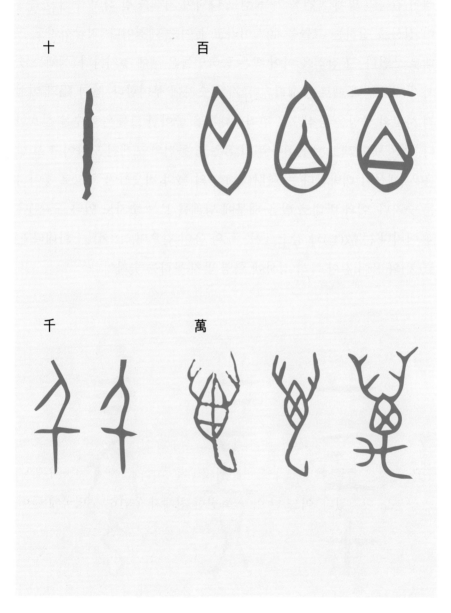

千　　　萬

04
불을 만든
수인씨(燧人氏) 이야기

불을 지필 줄 몰랐던 고대인들은 물고기나 동물을 날것으로 먹어 수명이 길지 못했다. 천둥번개로 인한 불은 그들에게 무서운 존재였을 뿐 실생활에 사용할 줄은 몰랐다. 그러나 오랜 경험에서 그들은 화재로 타죽은 동물에서 나는 향긋한 냄새로 불에 대한 공포를 씻고 긍정적으로 인식하게 되었다. 마침내 스스로 불을 얻고 보존하는 방법을 터득하게 되었는데 그 공을 모두 수인씨(燧人氏)에게 돌렸다.

중국 서역의 아주 깊은 곳에 '수명국(燧明國)'이라는 곳이 있었다. 그곳은 햇빛은 물론 달빛조차도 비추이지 않는 서쪽 끝에 위치하여 밤낮의 구분도 어려웠다. 어느 날 아주 특별한 천재가 우연히 수명국에 들어와 숲속에서 휴식을 취하게 되었다. 그는 조용히 쉬고 있는데 어둡던 곳이 갑자기 훤히 밝아지는 것을 보았다. 이상히 여겨 주위를 세심히 둘러보니 燧木(수목)이라는 큰 나무 위에서 빛이 발산하고 있었던 것이다. 그

천재는 빛이 나는 곳을 가만히 응시했다. 거기에는 등은 까맣고 배가 하얀 큰 새 한 마리가 쉴 새 없이 수목을 쪼아대고 있는 것이었다. 예리한 부리로 쫄 때마다 훤하게 빛이 발산 된 것이다.

그는 새가 쪼는 광경을 주의 깊게 살펴보면서 그대로 모방 하면 불을 취할 수 있겠구나 하고 그 방법을 터득하였다. 그는 곧 바로 燧木 몇 가지를 꺾어다가 큰 가지에 작은 가지를 쉴 새 없이 비벼댔다. 한참을 지나자 생각했던 대로 불이 붙었다. 그는 많은 가지를 꺾어와 사람들에게 불씨 만드는 법을 가르쳤다. 그러나 흔한 나무가 아닌 燧木 구하기가 힘들어지자 다른 나무에 같은 방법을 적용해 보니 결과는 꼭 같았다.

사람들은 마침내 그렇게도 원하던 불을 얻었고 드디어 불을 사용할 수 있게 되었다. 감격한 사람들은 燧木으로 불을 얻은 그를 기념하기 위해 그를 수인씨(燧人氏)라고 불렀다.[27]

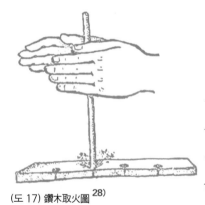

(도 17) 鑽木取火圖 [28]

찬목취화(鑽木取火)

약 2만년 전 구석기 시대 말기 산정동인(山頂洞人)이 살던 시대에서 신석기시대로 들어오면서 새로운 기술이 잇따라 발명되었다. 돌을 갈아쓰는 마제석기의 제작이 시도되고 구멍 뚫는 기술도 개발되었다.

27) 龔書鐸, 劉德麟, 『傳說時代·은상주』 대만 봉황출판사, 2006
28) 羅琨. 張永山, 『원시사회』 중국청년출판사 95. 1995

지금 세상에 구멍을 뚫는 일은 보통의 일이지만 단단한 이에 구멍을 내고 꿰어 목에 걸거나 돌에 구멍을 뚫는 것은 당시로서는 획기적인 창안이었던 것이다. 나아가 나무를 세게 비벼 불을 얻은 지혜는 인류생활을 큰 폭으로 향상시켰다. 1만 년 전부터 질그릇을 빚었고 7천 년 전에는 1000도가 넘는 도요에서 도기를 구울 정도로 불은 자유로이 활용되었다. 그들은 불에 대한 감동과 고마움을 燧人氏에게 돌리고 '찬목취화(鑽木取火, 나무를 뚫어 불을 얻다)'라는 성어를 만들어 길이 전하고 있다.

火와 光

불과 빛은 동전의 양면과도 같다. 불이 훨훨 타오르는 불꽃 모양을 그려 火자를 만들었고 光자는 고대 사람들의 실생활을 그려냈다. 사람들은 해가 뜨면 일어나 일하고 해가 지면 잠을 자 저녁에 불을 밝힐 일은 드물었다. 일이 있을 경우 사람들이 그릇에 불을 담아 머리에 이고 있다가 일이 끝나면 그릇은 다시 본래의 용도로 썼다. 光은 꿇어앉은 사람이 머리에 불을 이고 있는 모양을 그린 생활상이었다.

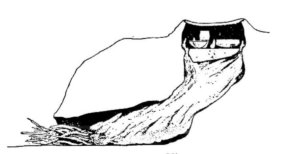

(도 18) 반파 도요 복원도[29]

29) 林壽晉. 『반파유지종술』 홍콩중문대학출판사. 1981

(도 19-A) 多角沿釜 (미술전집 1-40)　　　(도 19-B) 용산문화 白陶鬶(1~49)

신석기시대 - 아름다운 도기의 제작

　　신석기시대에 도기는 광범위하게 사용하였다. 식기, 주기, 취사기, 물통, 저장기 등 다양하다. 취사기로는 陶鼎(솥), 陶釜(가마솥), 陶鬶(세발다리 솥, 규), 陶甑(시루), 陶灶(아궁이) 등이 있다. 鼎은 다리 서너 개로 지탱하고 밑에 불을 때 바로 음식물을 삶는데 사용하였고, 鬲(鬶)은 다리를 부풀려 내용물을 많이 넣을 수 있게 제작한 솥이다. 시루인 甑모양은 아래는 물을 담은 솥이고 구멍 뚫린 시루를 위에 얹어 떡이나 고기 등 음식을 찌는 기구이다. 중국음식의 조리방법은 삶고, 굽고, 찌고, 볶고, 튀기는 실로 다양한 조리방법이 있다. 그중에 찐 음식은 가장 부드러워 맛있다고 여기는데 음식을 찌는 찜통이 신석기 시대에 이미 만들어 진 것이다.[30]

---

30) 楊可揭『중국미술전집·공예미술·도자』上 상해인민미술출판사. 1988

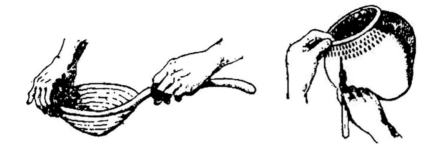

(도 20) 도기 제작 모형도[31]

식기는 陶鉢(사발), 陶碗(주발), 陶豆(굽높은그릇), 陶杯(잔), 陶盤(쟁반) 등이 있다. 豆는 굽이 높은 제기모양이다. 바닥에 앉아 생활을 하던 당시 사람들이 음식을 담아 둘러 앉아 먹기에 편리했다. 콩이라는 곡물이 생산되면서 '두'라고 부르게 되자 豆는 '콩두'로 쓰였고 제기는 梪자를 만들어 대체했다. 물을 담는 水器로는 밑이 뾰족한 도병(陶瓶)이 신석기시대의 대표적 물병이고 陶盆(동이), 陶壺(주전자), 陶缸(항아리) 등이 있는데 대부분 물을 담거나 수확한 곡식을 저장했던 용기다.

도기는 각기 용도에 알맞게 만들고 외양에는 각종 무늬를 새겼다. 도안으로 썼던 동물은 돼지, 개, 양, 새, 코끼리, 원숭이, 물고기, 뱀, 개구리 등 헤아릴 수 없이 많다. 이들은 당시 사람들 주위에서 길들여진 정겨운 동물이거나 실생활에 도움을 준 유익한 동물들이다. 생활기로 사용했던 질그릇에 아름다운 문양을 삽입하여 넣었던 것이다. 7천 여년 전 이미 彩陶鉢처럼 균형미 있는 그릇을 만들고, 網紋壺처럼 창의적인 디자인은 현대적인 안목으로 보아도 수준 높은 예술품으로 평가 받기에 충분하다.

---

31) 林壽晉.『半坡遺址綜述』. 중문대학출판사. 1987

(도 21) 7천년전의 彩陶鉢 (미술전집 1-2)

(陶)

陶자의 형상

상대에 출토된 깨어진 도편 조각에 陶자로 보는 그림이 그려져 있었다. 질그릇에 그려진 陶자는 무엇을 하고 있는지 한 눈에 알아차릴 수 있다. 두 손을 뻗어 손잡이를 잡고 발로 물레를 돌리고 있는 형상이다.

상대에는 긴 세월동안 손으로 빚었던 질그릇을 이미 물레를 고안해 발과 손을 이용한 도기제작이 가능했었음을 알려준다.

상나라때 도기만드는 형상을 질그릇에 그려넣었으나 글자는 상나라 주나라를 거쳐 진나라 때의 小篆에 부(阝)에 도(匋)를 음으로 한 형성자 陶자를 만들었다. 질그릇을 굽는 도요는 언덕처럼 불룩 솟아있어 阜를 취하고, 匋는 '사람이 항아리를 안고있는 모양'이어서 음으로 삼았다. 머리에서 등줄기로 뻗어 내린 목선은 아름답기 그지없고 예술성이 돋보이는 걸작품이다.

(도 22) 猪紋鉢(미술전집 1-41)

彩陶船形壺(미술전집 1-7)

05
농사신 · 의약신
신농씨(神農氏) 이야기

인간은 어떻게 농사를 짓게 되었을까? 각 나라마다 이에 대한 각기 다른 신화전설이 있다. 중국에는 신농씨가 백성에게 오곡을 재배하게 하였다고 전한다. 신농씨는 고대 사회에서 농사를 가르친 '농사신'이고 질병을 고쳤던 '의약신'으로도 추앙 받는다. 반인반수였던 고대의 여러 신들과 마찬가지로 신농씨도 머리는 소 형상이고 사람 몸을 한 '牛頭人身'의 신이다. 고대사회를 윤택하고 안정적으로 이끌어 올린 농업에서 소는 귀하고 유익한 동물이었기 때문에 신화의 내용에 크게 영향을 미쳤다고 할 수 있다. 신농씨이야기를 보자.

농사신

상고시대에 사람들은 철에 따라 열리는 식물의 열매를 따먹는 기쁨을 누리기는 하였지만 아직은 씨를 뿌려 곡식을 재배 할 줄은 몰랐다. 어느 날 오색이 찬란하게 빛나는 신조(神鳥)한마리가 아홉가락이 달린 이삭을 입에 문 채 신농씨의 머리에 앉았다. 한참을 머물다가 입에 물고있던 이삭을 신농씨의 주변에 떨어뜨리고 날아갔다.

신농씨는 천상의 선물로 여기고 씨앗을 땅에 묻었는데 얼마가지 않아 싹이 나고 무성하게 자라났다. 알곡을 거두어 그 맛을 음미해 보니 달콤하고 향긋하며 맛이 아주 좋았다. 그는 바로 사람들을 모아 여러 종류의 곡식종자를 나누어 주고 시절에 맞추어 정성껏 재배하게 하였다. 이는 농업의 시작이었다. 신농씨는 나아가 삽과 가래 등 농구를 제작하였고 여러 차례 곡식재배를 시도한 끝에 稻(쌀), 麥(보리), 黍(기장), 稷(수수), 菽(豆콩)등을 얻어 후세에서 말하는 5곡을 재배하기에 이르렀다. 백성들은 그의 위업을 기려 그를 농사의 神으로 추앙했고 '神農氏'라고 불렀다.[32]

和   稻   稷   來   麥   黍   豆

---

32) 潛明玆, 『중국 고대 신화와 전설』 중국국제광파출판사. 2010

辰

辰은 이삭이나 풀을 베는 조개칼 농기구이다. 엄지손가락에 대합조개를 끼운 모양으로 새벽에 辰을 들고 일하러 갈 때면 새벽별이 먼저 그들을 맞이해 농기구辰을 새벽별 '辰(별 진)'의 이름으로 삼았다. 그 때는 이른 새벽이므로 晨(새벽 신)으로도 썼다.

農

큰 조개 칼 辰이 숲 풀 林사이에 있는 모양이다. 사람들은 辰으로 땅 파고 곡식을 베는 농사일을 해 두 손으로 辰을 잡은 晨(새벽 신)을 쓰다가 자형이 農으로 바꾸었다.

禾

禾는 익은 벼이삭이 무거워 고개를 늘어뜨린 모양이다. '화'라는 음에는 사람의 마음을 어루만져주는 힘이 있다. '平和'에 '화'를 넣은 것도 그 때문이다. 벼는 곡물중의 곡물로 먹거나 보기만 하여도 마음이 부드러워지는 귀중한 곡식이어서 '화'라 불렀다.

米

벼(禾)에서 떨어낸 알갱이인 쌀알이 옹기종기 모여 있는 모양이다.

來

來는 이삭이 달린 보리를 통째 그린 것이다. 어깨처럼 꺾인 잎 위에 이삭이 있고 줄기 아래 뿌리가 뻗어 있다. 당시 보리는 외지에서 들여와 '오다'라는 말이 차용해 '올 來'가 되었다. 來는 현재까지 거의 같은 형체를 이어 왔다.

麥
보리가 '오다'라는 의미로 쓰이자 來자 아래에 '夂(치)'를 붙여 '보리 麥(맥)'자를 다시 만들었다.

黍
잎과 뿌리가 무성하게 뻗은 禾 아래 '물水'를 두었다. 이는 곡식인 동시에 술을 빚는 좋은 재료라는 뜻에서다. 또 한여름에 심는 곡식이라 '더울 서(暑)' 자의 음을 따 '서' 라고 불렀다. 한자의 음은 일상생활을 해가면서 필요에 의해 맺은 서로간의 약속이었던 것이다.

豆
豆는 음식을 담는 '두' 라는 굽 높은 그릇이었다. 마침 새롭게 등장한 콩도 두 라고 발음하여 豆자를 가차해 갔다. 豆가 콩으로 널리쓰이자 그릇은 梪자를 만들어 분리 했다.

의약신

신농씨는 농업을 보급시켰을 뿐 아니라 수 천 가지 풀 중에서 약초를 가려낸 의약신이기도 하다. 이는 곡식재배의 부산물로 얻게 된 성과라고 할 수 있다. 우선 배고픔을 해결했지만 비위생적인 섭생으로 인해 질병감염이 많았음을 짐작할 수 있다. 그는 수백 종의 약초를 자신이 직접 씹어 맛도 보고 효능을 알아내 각종 병증에 대응하였다. 뿐만 아니라 어떤 약초는 어떤 기관에 득이 되고 해가 되는지 자신을 실험대상으로 삼았다.

70번이나 중독되었다(一日而遇七十毒)"는 말이 전해진다. 그때마다 또 다른 풀을 씹고 해독해 생명을 이어왔다. 한번은 깊은 산속에서 약초를 채취하다 독사 떼에 포위되었다. 전신을 독사에게 물린 신농이 피를 흘리고 쓰러지면서 "서왕모여 빨리 와 나를 살피소서"하고 외쳤다. 서왕모는 이 소리를 듣고 급히 청조(靑鳥)에게 해독 선단(仙丹) 한 알을 주어 신농을 구하게 하였다. 하늘 높이 떠서 숲속의 신농을 찾은 청조는 그의 입에 仙丹을 넣어 주었다. 임무를 완수한 청조는 돌아가고 신농은 기력을 회복한 후 감격하여 서왕모에게 소리 높여 감사를 외치다 입에 물고 있던 仙丹이 떨어지고 말았다. 仙丹은 금세 뿌리를 내리고 자라나 빨간 열매를 맺었다. 그 열매는 靑鳥가 자신의 입에 넣어주었던 것과 맛도 모양도 꼭같았다. 신농은 "아! 이제 뱀독을 치료할 약을 얻었다"고 기뻐하며 이 풀을 잘 배양하였다. 약간의 해독성분이 있는 풀이었을지라도 장생불로를 갈망하는 후대 사람들은 이를 불사약이라고 부르는 것이다.[33]

어느 날 불행하게도 그는 독극식물을 씹어보다 자신도 모르게 삼키게 되어 창자가 그만 끊어지는 아픔을 당하고 말았다. 안타깝게도 미처 해독차를 마실 겨를이 없었던 그는 그 중독으로 눈을 상하여 결국 실명

---

33) 李貞類, 『神話, 遠古記憶的重述與解讀』화동사범대학출판사 2008

醫(医)와 藥자의 기원

醫자의 초기 형태는 함속에 수술용으로 쓰던 화살(矢)을 넣어 둔 모양이다. 점차 손으로 시술을 하여 손에 기물을 들고 행동하는 모양인 殳 을 추가하고 마취와 소독용으로 쓰던 술(酉)을 추가하여 醫자가 되었다. 간화자에서는 다시 医로 환원시켰다.

풀 艸에 樂을 음으로 합쳐 藥자를 만들었다. 약재는 주로 풀이고 음악은 사람들의 마음을 기쁘게 하는데 약을 먹고 질병이 호전되면 좋은 음악을 들은 듯마음에 기쁨이 넘쳐 樂을 음으로 한것이다. 樂은 악기판으로 쓰는 木에 두개의 줄(絲)을 매달았고 점차 줄을타는 손톱을 넣어 樂이 되었다.

하게 되었다. 이 야속한 풀을 단창초(斷腸草)라고 부른다.

후대는 수많은 약초를 식별해 내 의학의 기초를 마련한 그의 희생정신을 기려 신농씨를 의약신(醫藥神)으로까지 추앙하게 되었다.

農神과 神農

농업의 발달로 곡식이 풍성하여 각종 술까지 빚은 원시농업의 성공표지는 신령을 제사하는 의식이었다. 제사에는 나무로 된 신위를 모셨는데 이를 점차 示자로 나타냈다. 농업은 사람들을 정착시켰고 농사에 필요한 농기구들을 만들어 보다 쉽게 농사를 지으며 조상들의 업적에 감사하였다. 그 상징을 '農', '農神'이라 하고 이를 더욱 신격화 하여 '神農'라고 하였다.

神農이 세상을 다스리던 시대에 백성들은 곡식을 불에 익혀 먹었고 도기를 만들어 썼으며 약초를 찾아 질병을 치료 하였다. 나아가 누에를 기르고 베를 짜서 옷을 지어 입는 등 품격 있는 문화를 누렸다. 이때도 걸출한 씨족의 장에게 氏를 붙이는 관례에 따라 神農氏라 일컬으며 농업발달과 시대적 발전을 대표하는 상징으로 추앙했다.

농업의 시작과 일상생활

우리는 언제부터 쌀을 재배하게 되었을까? 농사는 약 1만 년 전 신석기시대 초기에 싹텄고 약 7천여 년 전에는 중국의 대부분의 지역에서 농사를 짓게 되었다고 전한다. 이는 사람들이 자연현상을 역사로 바꾼 획기적인 일이다. 초기에 돌과 나무막대 농구로 땅을 일구어 씨를 심고 곡물을 거두다가 신농씨에 의해 가래나 괭이 등 농기구가 제작된 것은 더욱 획기적인 일이 아닐 수 없다.

농업의 발달은 점차 남북 간의 기후 나 토질의 차이도 극복해 남방에서는 벼를, 북방에서는 조나 수수를 주로 재배하게 되었다. 벼농사는 4천여 년 전 요동반도를 거쳐 조선으로 전해졌고 2천 5백 년경에는 대

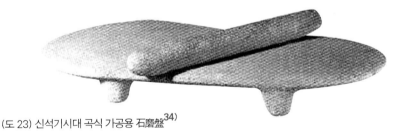

(도 23) 신석기시대 곡식 가공용 石磨盤[34)]

34) 劉緯, 張淸儀, 『文明的奠基』 商務印書琯. 2003

하나라의 陶鼎 (중국미술전집 1-62)

동강과 금강유역을 비롯한 남한 전역에서 크게 발전을 하였다. 다시 대마도를 거쳐 일본으로 전하게 되었다. 7천여 년 전 벼의 도정에 썼던 정교한 돌 판과 방망이는 당시의 생활도구의 수준을 알려 주고 있다.

당시의 가옥은 지형지세에 맞춘 혈거나 동굴에서 지냈는데 반지혈식이 대표적이었다. 곡식은 좁쌀(粟)이 대종을 이루었지만 점차 벼, 수수 등 품종이 늘어났다. 취사도구로 썼던 질그릇 아궁이와 솥을 보면 예술적이고 아름답기 그지없다. 곡식으로 술을 빚어 마셨고 물이나 술을 담았던 항아리(酉)는 이동하기에 편하게 밑이 뾰족하다.

신석기시대 후기에는 이미 개와 돼지를 길들여 사육하였고 점차 소와 양까지 길들여 사람들은 이미 다양한 음식을 즐겼다고 할 수 있다. 다양한 가축의 사육과 농업은 당시 사람들의 가장 중요한 생산 활동이었다.[35]

西
물이나 술을 담았던 항아리이다. 제사에는 술로 올려져 酒자가 되었고, 술이 있으면 행복해 福의 근원이 되었다. 낮술을 금한 농경사회에서 저녁식사에 술을 들려할때 닭이 회에 올라 '닭유'가 되었다.

鬲
음식물을 삶은 솥이다. 다리부분은 음식물을 많이 넣을 수 있게 부풀려 만들었는데 마치 은연중에 모계사회를 지배하던 어머니의 가슴을 상징적으로 표현한 듯하다.

35) 朱鳳瀚,『文物中國史, 史前時代』중화서국, 2003

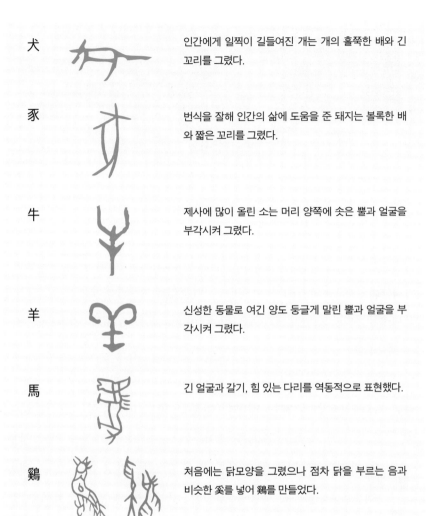

犬 　인간에게 일찍이 길들여진 개는 개의 홀쭉한 배와 긴
　　　꼬리를 그렸다.

豕 　번식을 잘해 인간의 삶에 도움을 준 돼지는 볼록한 배
　　　와 짧은 꼬리를 그렸다.

牛 　제사에 많이 올린 소는 머리 양쪽에 솟은 뿔과 얼굴을
　　　부각시켜 그렸다.

羊 　신성한 동물로 여긴 양도 둥글게 말린 뿔과 얼굴을 부
　　　각시켜 그렸다.

馬 　긴 얼굴과 갈기, 힘 있는 다리를 역동적으로 표현했다.

鷄 　처음에는 닭모양을 그렸으나 점차 닭을 부르는 음과
　　　비슷한 奚를 넣어 鷄를 만들었다.

그 외 사람들과 함께했던 동물들을 생생하게 그려 만든 갑골문자를 보자.

象　　虎　　豹　　鹿　　兕　　麋　　兎　　燕　　鳥

06

태양신 염제(炎帝)이야기

염제는 태양신으로 추앙되는 신이다. 그의 이름을 火자가 포개진 炎(염)이라 하였으니 불과 깊이 연관되어 南方(남방)의 天神이라고도 한다. 염제가 이룩한 공헌은 매우 색다르다.

태양신인 염제는 태양이 충분한 빛과 따스함을 내리게 하여 오곡이 잘 자라고 열매를 맺어 사람들이 먹을 걱정을 하지 않도록 하였다. 사람들은 농사를 지은 뒤로는 먹고 사는 일은 해결하였으나 부족한 물품을 충분히 조달할 수 없어 서로 바꾸어 쓰고 싶으나 교환할 수 있는 적당한 장소가 없었다. 염제는 거래 장소를 만들었다. 다시 말하면 시장을 개척하며 물건을 편하게 교환할 수 있게 한 것이다. 그러나 시계가 없던 시절 물건을 교환할 시간을 정할 수가 없었고, 그렇다고 진종일 물건을 지닌채 무작정 기다릴 수도 없었다.

이에 염제는 자기 자신을 떠올리고는 태양을 기준으로 삼도록 한 것이다. 따라서 태양이 머리위에 떴을 때 시장을 열고 어느 정도 지나면 파장을 하도록 하였다. 이는 참으로 창의력 넘치는 기발한 생각으로 모두다 지키기 쉽고 편리하기까지한 방법이었다.

뿐만 아니라 염제는 흙을 빚어 도기와 용기 등 각종 기구를 만들고 제조법을 가르쳤다. 염제는 이처럼 총명하고 자애로운 성품을 가졌던 훌륭한 옛 조상으로 추앙하기에 손색이 없었다.

신석기시대에 수많은 도기가 만들어지고 동물 형상의 그릇과 神像이 빚어진 것을 모두 그의 공로로 여겼고, 또 농사법을 가르쳤던 점을 들어 그를 신농씨와 동일인이라고 주장하는 설도 있어, 炎帝神農氏라고 부르기도 한다. 그러나 염제는 신으로서의 힘이 약화되자 남쪽으로 내려갔고 그의 신통력은 치우에 의해 계승되었고 전해지고 있다.[36]

(도 24) 신농씨, 염제상[37]

염제의 내력

염제는 황제와 이복형제라는 설이 있다. 어머니 성을 따랐던 시대에 황제는 姬씨, 염제는 姜씨였다. 姜은 羌족의 여인을 지칭한다. 황제가 치우와의 전쟁에 승리한 후 염제의 부락도 자연히 華夏민족에 편입되었

36) 袁珂저, 정석원 역, 『중국고대신화』 문예출판사. 2012
37) 潛明玆, 『중국 고대 신화와 전설』 중국국제광파출판사. 2010

다. 그는 딸 셋을 비롯한 많은 후손을 두었다고 전하고 있다. 중국인들은 분명 자신들을 '黃帝之孫'이라고 입을 모으고 있다. 뿐만아니라 '炎黃子孫'이라 하기도 한다. 이는 고대 역사의 발전기에 황제와 염제가 문명을 한 단계 도약시킨 강한 추진 작용을 하였기 때문이다.

羌족은 상나라를 가장 괴롭혔던 북방의 종족으로 끊임없이 전쟁을 이어갔다. 전쟁포로를 잡아 올 때는 목과 발에 형구나 족쇄를 채워 끌고 왔고 머리채를 묶어오기도 하였다. 노예를 끌고오는 방법은 다양했으나 모두 羌자 이다.

子와 孫

子는 강보에 싸인 아이 모양이다. 양팔은 벌리고 있으나 다리는 포대기 속에 있어 하나로 표현했다. 아이, 아들, 왕자 등으로 쓰였다. 모든 재산과 권한을 여성이 장악했던 모계사회에서 남성에게로 전환된 부계사회에서는 아들낳기 경쟁이 치열했다. 왕비들은 자신의 아들을 낳아 아들이 재위에 올라야만 남편과 함께 제사를 받았다. 아들의 아들을 일컫는 孫자는 子와 系자를 합쳐 만들었다. 系는 실타래를 엮은 모양이다. 자손이 실타래처럼 끊어지지 않고 계속 이어지길 바랐기 때문이다.

제2부

문명을
개척하다

01
문명세계를 연
황제(黃帝) 이야기

우리가 이구동성으로 '단군의 자손'이라고 하듯 중국인들은 주저 없이 '황제의 자손'이라 한다. 황제 이전 수많은 신화와 전설이 전하지만 황제는 이들 모두를 제치고 가장 존경받는 조상으로 우뚝 섰다. 그것은 황제가 주위의 많은 부락들을 차례로 굴복시키고 자신의 휘하에 병합하여 강력한 대 부족으로 통합했기 때문이다. 황제의 이야기를 살펴보자.

황제는 전설적인 신들의 본거지인 곤륜산(崑崙山)의 궁전에서 살았다. 그는 매우 특이하게도 얼굴이 네 개여서 동서남북을 동시에 볼 수 있는 중앙의 상제 였다. 그의 궁전은 동쪽으로 향해있고 사면에 아홉 개의 문이 있으며 신기한 동물들이 지켰다. 궁전의 가장 높은 곳에는 몇 길이나 되는 벼가 자라고 있었다. 이는 황제가 농업 발전에 기여한 것을 상징하고 있는 것이다. 궁전 주위에는 나무가 무성했다. 그 가운데 봉황새와 앵무새가 노닐고, 궁전을 호위하는 신령들이 무수히 많았다 궁궐이 겹

(도 25) 황제상[38]

겹이 둘러있어서 九重宮闕이라는 말도 여기에서 유래가 되었다. 궁전은 너무나 크고 밤낮으로 타오르는 화산에 둘러싸여있어 사람이 도저히 근접 할 수 없는 곳이었다.

황제는 원래 하늘에서 살다가 백성을 사랑하여 인간 세상에 내려왔고, 어진 임금이 되려고 노력하여 생활에 필요한 수칙을 만들었다. 그는 강을 건너는 배를 만들고 동굴이나 혈거에서 사는 사람을 위해 집을 지었으며 얇은 대나무로 담장을 쳐 야수의 침입을 막았다.

그는 또 왕비 루조(嫘祖)가 짠 비단으로 각종 계급에 맞는 의복과 병기, 수레를 만들어 보급하였다. 이렇듯 고대사회를 문명사회로 진입시킨 그의 공로는 너무나 위대하여 후대는 염제가 창안했다고 하던 도기 발명의 공헌조차도 황제에게 돌릴 정도로 황제에게 최대의 영광을 안겨주었다.[39]

신화와 영웅이 융합된 황제

상고시대의 신화전설은 거의가 후세인들에 의해 가공되어 두 갈래 상반된 방향으로 나아갔다. 하나는 철저하게 신격화되어 무소불위의 천신으로 묘사하고 다른 하나는 신성이 약화되고 역사속의 영웅들과 연관 지었다. 이들 신화전설에서 신격화와 인격화가 완전히 하나로 통일되어

38) 潛明玆, 『중국 고대 신화와 전설』 중국국제광파출판사. 2010
39) 龔書鐸, 劉德麟 主編 『圖說 傳說時代』 봉황출판공사. 2006

이루어진 영웅적 신령은 바로 黃帝다. 약 5천 년 전 세상을 다스렸던 황제는 하늘의 上帝이자 땅을 지배하는 가장 존귀한 天帝란 뜻이다. 황제는 신과 인간의 공동조상이기 때문에 인간전설에서도 특히 위대한 존재로 추앙된다.

황제시대에는 신석기시대부터 움이 터 내려오던 문자를 규합하여 정리했고, 사람들의 마음을 교화하는 음악을 모아 다듬었다. 나아가 하늘에 떠있는 해, 달, 별의 운행을 측량하는 천문과 시절을 알아 농사나 삶의 과정을 살피는 역법을 밝혀냈으며, 의약을 정비하여 백성들의 건강을 돌보았다. 수레를 만들어 생활을 편리하게 하였으며 각기 지위와 연령에 맞는 의복을 만들어 생활에 적응하게 하였다. 또한 농사에 편리한 농기구와 병사들을 위한 병기를 제작하고, 그릇을 만들어 실생활의 편리를 도모하였다. 이렇듯 모든 분야의 생활을 한 차례 정비되었다. 다시 말하면 사회, 문화 전반을 획기적으로 격상시켜 새로운 문명기를 열었다. 황제는 이들을 주도한 제왕으로 중국인들이 가장 추앙하는 조상이다.

역사의 3단계

중국인들은 자신들의 전통적인 역사를 三皇五帝에 두고 문명진화의 역사과정을 제왕들이 면면히 계승하였다고 본다. 신화전설시대에서 황제시대를 거쳐 내려오는 제왕의 역사를 세 단계로 나누고 聖, 帝, 王자를 각 단계의 특징으로 내 세웠다.[40]

---

40) 許進雄 저, 洪薰 역, 『中國古代社會』 동문선, 1993

聖

성인이 물건을 발명했던 시대

지혜가 뛰어나 활이나 배, 어망을 등 생활이기를 만들고 문명을 끌어 올린 공헌자들로 복희씨, 신농씨, 염제씨 등을 대표로 꼽을 수 있다. 이들을 성인으로 추대하고 있다. 聖자는 우뚝서서 큰 귀로 신의 계시를 듣고(耳) 말로 사람들을 일깨운(口) 지도자의 모습을 그렸다.

帝

제왕들의 통치시대

국가의 틀을 갖추게 한 황제를 포함한 五帝의 시대를 대표한다. 黃은 권위의 상징인 화살을 받쳐 든 모양, 또는 허리에 찬 패옥을 그린 모양으로 풀이한다. 帝자는 상제에 제사하는 제단모양, 또는 꽃을 숭상하는 민족이 꽃받침모양으로 제왕을 표현했다고 풀이 한다. 원래는 죽은 제왕이나 조상을 가리켰는데 진시황제는 살아있는 자신을 칭했다. 皇과 연용한다.

王

왕조를 건립한 역사시대

왕조로 접어든 시대는 夏, 商, 周 3대를 대표로 한다. 최고의 권력자를 王이라고 칭했다. 王자는 권위의 상징인 도끼모양, 군왕의 면류관 모양 등으로 풀이 하며 장식을 더욱 높이 올린 모양의 皇자가 있다.

02
정의의 사도
치우(蚩尤) 이야기

고대 민족 간의 전쟁은 정의와 불의를 구분하기 쉽지 않다. 특히 신화전설 중의 이야기는 더욱 그렇다. 蚩尤는 고대 서남방 민족들의 열렬한 지지를 받아 그곳의 치우에 대한 숭배정신이 특히 높다. 치우는 정의의 사도로 황제와의 대전에서 황제에게 대승 했다고까지 전한다. 신화전설 중 황제의 권위에 반기를 들고 대적한 신으로 蚩尤가 유일하였다.

치우는 황제와 맞서 싸우다

전설 중의 치우는 청동 투구에 가죽 갑옷을 입고 사람 몸이지만 눈이 넷, 손은 여섯, 다리는 여덟 개이고 소의 발굽을 하고 있다. 생김새만 특이할 뿐 아니라 쇠뭉치를 자유롭게 다루어 車戰에 쓰였던 戈(과), 殳

(수), 戟(극), 矛(모) 등 각종 무기를 민첩하게 쓰던 장수였다. 서남방의 수령 치우는 탁록(涿鹿)에서 황제와 대전을 벌렸다. 치우는 남방 여러 민족을 규합하고 청동 머리를 한 70여명의 장수와 도깨비 조수들을 거느리고 위풍당당하게 황제 부족을 향해 돌진하였다.

(도 26) 漢代 畵像石, 蚩尤大王[41]

그러나 애석하게 패했다. 그는 진중에서 죽지 않고 포로로 잡혀갔는데 황제는 등에 날개가 있고 행동이 기민한 치우를 보고 몹시 두려워 지체 없이 그를 죽이고 말았다. 병사들은 피로 얼룩진 치우의 수갑을 거친 들에 던져 버렸다. 불멸의 수갑은 단풍 숲으로 변해 잎마다 선홍색으로 붉게 물이 들었다. 이는 치우의 원혼이 영원히 멸하지 않음을 나타낸 것이라고 전하고 있다.

또 다른 전설이 있다. 치우가 황제의 병사에게 잡혀 목이 잘렸는데 그들은 치우가 다

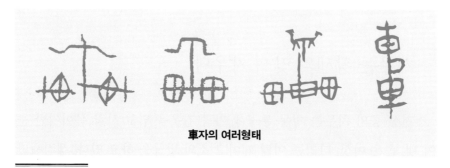

車자의 여러형태

41) 진태하, 『한글+한자』. 2015. 10. 195호

시 살아날 것이 두려워 머리와 몸을 각기 다른 곳에 묻었다. 몸과 머리가 잘린 그 곳은 '나뉘다'는 의미에서 解라고 칭했다. 지금의 山西성 解에는 붉은색을 띠고 있는 解池라는 연못 있는데 그 곳은 치우의 피가 물들인 것이라고 전한다.[42]

치우 전설의 전래

치우는 비록 죽었지만 황제의 권위에 도전했던 영웅적인 그의 삶은 오래토록 사랑과 미움, 두려움과 존경을 동시에 받으며 살아 있다.

그는 여러 가지 兵器를 발명해 용맹스럽게 대전에 임하여 「兵神」으로 추앙되고 있다. 「述異記」를 근거한 기술을 보자. 전국시대 흥기한 '角戲'는 두 사람이 말 타고 활 쏘며 힘을 겨루는 기예다. 晉代로 내려오면 '蚩尤戲'가 있는데 삼삼오오 짝을 진 사람들이 머리에 소의 탈을 쓰고 서로 힘을 겨루는 민속놀이다. 이들은 소머리를 한 치우의 전투하는 전경을 모방한 오락 활동이라고 할 수 있다. 심지어 고대 청동기, 특히 商周시대 청동기에 새긴 험상궂은 문양인 饕餮의 배경이 蚩尤纹이라고도 전한다.

치우는 비록 황제에게 패했으나 그의 정의와 전투의 용맹스러움은 사람들의 마음속에 영원히 살아있다.

---

42) 龔書鐸 劉德麟 主編, 『圖說 傳設時代』, 봉황출판사, 2006

刀

고대 인류들이 최초로 사용한 무기는 몽둥이나 장대였을 것이다. 점차 나무나 대나무로 좀 더 예리하게 깎아 만들었고, 청동기 시대에 들어 칼다운 칼을 제작하였다. 일반적으로 刀는 한쪽에 날이 선 모양이고 劍은 양쪽에 날이 선 칼을 말한다. 그 외에 戈, 伐, 斤, 兵, 我, 戒 등이 있다.

 戈 伐

我

我는 무기 戈에 날카롭게 날이 선 모양이다. 무기를 부르는 음이 '자신'을 일컫은 말과 같아 '나 我'가 되었다.

戒

戒는 무기인 戈를 두 손으로 받쳐 든 모양이다. 斤을 든 모양이 兵이듯 戈를 든 모양이 '경계할 戒'가 되었다. 무기를 들 때와 같이 몸과 마음을 조심하여야 한다는 암시가 스며있다.

戈

가늘고 긴 날을 가진 무기로 때로는 자루까지 그렸다. 칼 끝이 적의 머리나 몸의 취약한 부위를 찌르는 위력을 발휘해야 하기 때문이다.

伐

戈로 사람의 목을 치는 모양을 그린 것이다. 적군을 정벌하다는 뜻이 있고, 제사에는 사람의 목을 잘라 드리는 제사인 伐祭로 쓰였다.

斤

생활용구나 농지개간에 쓰던 도구였다. 싸움에 무기로도 써서 '도끼 斤'이 되었고 점차 무게를 재는 단위로 가차 되어 '근斤'이 되었다.

兵

싸움이 잦아져서 斤을 들고 전투하는 경우가 많아 兵器가 필요했다. 싸울 때 斤을 들고 임해 兵은 두 손으로 斤을 잡고 있는 모양으로 그렸다.

03

황제와 치우의 전쟁 이야기

상고시대의 전투에서 가장 치열했던 전쟁은 치우가 남방의 여러 민족을 거느리고 북방을 통치하는 황제의 권위에 도전한 싸움이다. 이들 두 수령들은 탁록(涿鹿)에서 오랜 기간 동안 격전을 벌였다. 전설 중의 전투과정을 보자.

치우의 위세

치우(蚩尤)는 구려족(九黎族)의 전쟁 신이었다. 구(九)는 많다는 뜻이고, 려(黎)는 백성을 뜻해 치우는 황제처럼 많은 부락의 공동의 수령이었음을 알 수 있다. 그는 70~80명의 형제가 있다고 전해지는데, 이는 고대 씨족부락의 굳건한 결속력을 상징하고 있다. 그의 형제는 청동머리에 청동 이마를 자랑하고 치우도 여덟 개의 팔과 다리가 있고 아홉 개의 뇌를 갖고 있으며 무기 제조의 달인이면서 하늘의 도[天道]를 꿰뚫은 신통력을 가진 위인으로 전해지고 있었다. 황제는 이같은 치우가 도전해오자 그를 감화시켜 참혹한 전쟁을 피하려 했다. 그러나 치우의 강한 의지를 꺾지 못했다. 실전이 시작되자 황제는 신통력이 있고 용맹스러운 치우부대를 당해낼 수 없었다. 때마침 황제의 신하 풍후(風后)가 아무리 거센 악조건 하에서도 한 번 설정된 방향을 이탈하지 않는 지남차(指南車)를 발명하여 곤궁에 처한 황제를 구해냈다.

(도 27) 치우 벌 황제도

그러나 이번에는 치우 편의 도깨비들이 사람으로 둔갑한 채 황제의 군대를 유혹하여 앞길을 막아 전세가 역전되었다. 이때 황제는 도깨비들이 큰 소리를 두려워한다는 것을 알아내고는 괴성으로 도깨비들을 물리쳐 전세를 다시 역전시켰다. 이 결정적인 순간에 황제는 대장 응용(應龍)을 내보냈다. 응용은 등에 날개가 달린 神龍으로 바람과 비를 다룰 수 있는 龍이었다. 그의 울음소리는 어찌나 위협이었는지 도깨비도 속수무책이 되어 모든 것을 버리고 숲속으로 도망했다. 그러나 도깨비들은 여전히 사람을 미혹하고 적군을 괴롭혔다. 밀고 밀리는 싸움이 계속 이어지면서 응용도 결국 치우의 군대를 격퇴시키지 못하였다.[43]

그 사이를 틈타 치우는 황제의 부하 風伯과 雨師를 설득해 자기편으

---

43) 潛明玆, 『中國古代神話與傳說』 중국국제광파출판사 ,2010

로 끌어 들였다. 풍백은 참새머리에 뿔이 나 있고, 몸은 표범무늬를 한 고라니 같으며 뱀 꼬리를 하고 있다. 우사는 큰 누에고치 같았다. 이들은 바람과 비를 관장하는 신들이라 應龍의 술법은 마치 백전노장을 만난 졸개처럼 맥없이 무너졌다. 오히려 모든 바람과 비를 황제의 진영으로 쏟아 부었다.

불의 여신 발의 출현

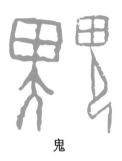

鬼

황제는 불리한 전세를 만회하기 위해 마지막 카드인 자신의 딸 발(魃)을 내보냈다. 발은 '가물귀신 형상의 여신'으로 그가 나서기만 하면 천지사방을 가랑잎처럼 말려버렸다. 생김새는 보통여인과 다름이 없으나 머리털이 없는 대머리여서 '붉은 땅'을 상징하고 있었다. 항상 청색망토를 걸친 발은 나타나자마자 구름이 걷히고 비가 멎으며 뜨거운 태양이 매섭게 비쳐 風伯과 雨師도 혼비백산하여 진영을 빠져나갔다. 황제는 이 기회를 틈타 군대를 공격하여 치우는 크게 겁을 먹었고 적지 않게 타격을 받았다.

魃의 참전은 황제에게 유리한 작용을 하였다. 그러나 발이 하늘의 승낙을 받지 않고 내려온 것이 화근이 되어 다시는 하늘에 오를 수 없었다. 황제는 하는 수 없이 그를 북쪽에만 머물게 하였다. 반대로 應龍은 전쟁 후 남방에 거하게 되어 북쪽은 가뭄이 잦고, 남쪽은 비가 많고 비옥해 사람들의 마음을 기쁘게 하였다고 전한다.

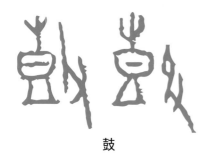

鼓

황제의 승리

황제는 여전히 완전한 승리를 얻지 못하여 고심하던 중 불현듯 치우부대가 소리에 약함이 떠올랐다. 큰 북을 만들어 자신의 군대를 고무시키고 소리에 약한 치우부대를 진격할 작전을 세웠다. 그는 괴수인 기(夔)와 뢰수(雷獸)를 지목했다. 동해에 사는 夔는 청회색 털의 소 형상을 하고 다리는 하나다. 큰 바람과 비를 내리고 뇌성 같은 소리를 지르면 천하를 진동시켰다. 황제는 夔를 잡아다가 가죽을 벗겨 큰 북을 만들었다.

뢰수(雷獸)는 사람머리에 용의 몸을 한 괴물이었다. 큰 못에 살면서 자신의 배를 두들기며 놀기를 좋아하는데 배를 한 번 두드리면 고막이 찢어질 듯 울렸다. 황제는 雷獸를 죽여 그 뼈로 북채를 만들었다. 황제는 夔의 가죽으로 북을 만들고 雷獸 뼈로 만든 북채로 북을 치자 천지를 진동하는 큰 소리가 세상에 울려 퍼졌다.

황제의 군대는 기세가 진작되고 치우의 군대는 화들짝 놀라 벌벌 떨었다. 밀고 당기며 아홉 번이나 치열하게 벌였던 전쟁은 황제의 승리로 끝났다. 남북 두 민족은 드디어 하나로 융합하게 되었고 천하는 평화스럽게 공존하게 되었다.[44]

황제는 사방 여러 신령과 만(萬)수를 헤아리는 제후와 수령을 제압하고 최고의 수령으로 등극했다. 황제를 수령으로 하는 부락연맹은 그

---

44) 冀書鐸 劉德麟 主編,『圖說 傳說時代』, 봉황출판사, 2006

토록 용맹스러운 치우를 무찌르고 강한 힘으로 역사를 개척한 황제를
더욱 위대한 영웅으로 그려냈다.

사냥과 전쟁

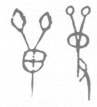

單

單자는 가지가 벌어진 막대로 사냥갈때 가장 쉽게 구할 수 있는 도
구였다. 점차 돌을 묶어 더 큰 위력을 나타내는 무기로 삼았고 이를
그린것이 單이다. 單자는 발음이 같은 낱개를 나타내다 '홑 單'이 되
었다.

戰

사람들은 무기인 單을 들고 싸움이나 사냥을 가지만 새로운 병기들
이 개발되어 무기라는 의미가 약화되자 '戈'를 추가해 '싸움 戰'자를
만들었다.

爭

쟁은 기물의 위아래에서 두 개의 손이 잡아당기는 모양으로 '다툴
쟁'이 되었다. 단음절로 나타내던 말이 2음절로 바뀌면서 '戰爭'이라
는 단어를 만들어 의미를 명확하게 하였다.

獸

싸움이나 사냥에 여전히 單을 들고 갔지만 특히 사냥갈때 개를 끌고
갔다. 개는 코가 예민해 사냥감을 잘 찾고 화살을 맞은 동물을 재빠
르게 물고와 사냥에 큰 도움이 되었다. 獸는 처음에는 사냥이라는
의미였으나 점차 '짐승獸'로 변해버렸다. 사냥이라는 말은 '수'라고
하여 '守'를 음으로 하고 사냥은 '狩'자를 만들어 썼다. 한자는 이처
럼 쓰임에 따라 의미가 변하고, 또 새로운 문자가 만들어졌다.

한국인의 입장에서 본 치우

중국의 여러 신화 이야기 중에서 유일하게 蚩尤는 고대사적으로 한국과의 연관을 찾아 볼 수 있다. 한국의 여러 간행물에서 치우천왕의 사적을 연재하는 등 매우 친근하게 치우에 접근하고 있는 것이 사실이다. 이에 東夷族의 근원과 그와 관련된 연구에 오랫동안 천착해 온 진태하 교수의 이론을 근거로 동이족에 대해 소개하고자 한다.

韓民族은 발상지인 松花江과 遼河를 중심으로 만주벌에 웅거했던 수렵 기마민족이다. 압록강과 두만강을 넘어 한반도로 남하하면서 이미 황하유역으로도 진출하여 황하문명을 이룩하는 주도적 역할을 했었다. 이를 밝혀내는 것은 단군보다 오랜 韓民族의 상고사를 바르게 천명 할 수 있는 선결 조건이 된다는 것이다.

중국의 사학계에서도 그동안 요녕 일대에서 새롭게 출토된 유적유물을 통하여 요하지역의 고대문물이 매우 발달했었다고 고증하고 있다.[45] 비록 이들이 동이족이라고 칭하지는 않았으나 당시 주민들이 생육을 기원했을것으로 추정하는 여신 묘에서는 여신상이 발견되어 종교활동과 제사가 이루어졌다고 보고 있다. 요하문명의 대표적인 유적지는 홍산문화, 소하연문화, 하가점문화를 들 수 있다. 이들은 기원전 7000년에서 기원전 2000년까지의 유적지다. 그중에 기원전 4500년경의 紅山文化는 동이족의 대표적인 유적지다. 이로서 요하 쪽의 우리 조상인 동이족의

---

45) 朱鳳瀚, 『文物中國史, 史前時代』 중화서국, 2003

문명이 황하 쪽으로 내려왔음을 알 수 있다.

漢代 畫像石 상의 蚩尤大王

황하유역에 살던 본래의 漢族은 농경민족으로 북쪽에서 남하한 기마민족인 동이족에 밀려 남쪽으로 내려 가 살고 있는 客家族이다. 객가족은 지금도 자신들이 순수한 한족이라고 자부하고 있다. 그러므로 고대사를 연구하는 중국학자 중에는 황하문명의 주역이 東夷族이라고 주장하는 견해도 있다는 것을 근거로, 한국 사학계도 이점을 바르게 인식할 필요가 있는 것이다.

중국 최초의 역사서인 사마천이 쓴 『사기』에는 치우를 「古天子」라 하였고, 漢代를 이어 현대의 중국사학자 鄒君孟도 '치우는 동이의 君長'이라 하였다. 치우의 활동시대는 기원전 2706년으로 잡은 황제시대와 유사하니 지금부터 약 4700년경이다. 다만 황제와의 전투에서 패하여 황제를 중국의 시조로 높이고 치우를 폭도로 폄하하였다. 치우의 후예인 동이족은 산산이 흩어져 일부는 남으로 이동하여 苗族의 지류를 이루었다는 것이다. 진태하 교수는 동이족이 황하유역에서 살던 생활상이 담겨진 대표적인 글자로 보는 夷, 契, 然, 氏, 秋 등의 분석을 통해 동이족의 한자제작에 미친 영향력도 기술하고 있다.[46]

---

46) 진태하. 『한글+漢字문화』. 「夏·殷나라는 東夷族의 歷史 -3~10」. 2015, 2016.

04

비단 옷을 만든
루조(嫘祖) 이야기

중국비단이 실크로드를 통해 서방으로 전해진 일은 잘 알려진 사실이다. 비단은 언제 누가 짜기 시작했고 어떻게 비단옷을 입게 되었을까? 신석기시대 후기 사람들은 8cm 정도의 긴 골 바늘을 만들어 사용하였다. 무엇을 꿰맸을까? 이 시기는 황제의 왕비 루조가 비단을 짠 시기보다 5천년이나 빠르니 황제시대에 옷을 만든 일은 큰 어려움이 없었을 것이다. 루조는 어떻게 황제의 왕비가 되었을까?

絲

루조(嫘祖)는 아버지의 옷감짜는 일을 거들다 어느날 나뭇가지에서 누에가 실을 뽑는 것을 보았다. 이를 소중하게 여긴 루조는 조심스럽게 옮겨와 고이 길러내서 누에를 치고 실을 뽑아 비단 짜는 법을 익혔다. 루조의 아버지는 왕실에 비단을 진공하였다. 루조는 어느 날 아버지를 대신해 왕실에 비단을 올려드리려고 궁으로 들어갔을 때 황제는 그녀의 모습을 보고 그의 아름다움에 마음을 빼앗겼다. 황제는 끝내 루조를 왕비로 맞이했다. 루조는 왕비가 된 뒤에도 쉴틈없이 배 짜는 일을 계속했고 민간에도 전파했다. 이때부터 베를 짜는 일은 부녀의 전업이 되어 남자는 밭

耕(耤)

갈고 여자는 베를 짜는 남경여직(男耕女織)의 전통이 이루어졌다.

고대인들은 은하수 양편의 두 개의 별을 견우성 직녀성으로 부르고 사랑하는 부부를 상징하였다. 아주 귀하고 구하기 힘들었던 비단을 남성의 농사일과 마찬가지로 중시했던 것이다. 嫘祖는 양잠기술을 발명했을 뿐 아니라 노인을 공경하고 아이들을 보호하며 부부된 자는 서로 사랑해야하는 등 예의범절을 정하여 지키게 하였다. 나아가 사람들이 따뜻한 옷을 입고 서로 사랑하며 사회가 안전하고 화목하게 지낼 수 있게 이끌었다.

衣

황제시대에 왕이 입는 어의와 왕관, 왕실의 귀족과 관리의 관복, 국가 행사의 예복, 평민의 생활복, 모자 등을 제작하여 착용하게 하였다고 전한다.

비단과 루조 왕비

황제는 치우와의 전쟁에서 승리한 후 사회 각 부분을 정비하고 생활을 안정시켰다. 이에 편승해 정치, 경제, 사회, 문화 등 여러 방면에서 크게 도약 하였다. 사회적 특권을 누리는 귀족들에게 사랑받는 부드럽고

광택이 나는 소재의 비단은 삼베나 무명과 비길 수 없다. 특히 양잠업이 이 시기 발달하여 각 계층에 알맞은 의복이 고안되었다. 그러나 황제와 루조의 시기보다 이른 문화유적지에서 양잠으로 얻은 누에고치와 비단실이 발견되었으니 루조는 양잠기술을 발양한 사람이라고 할 수 있다. 이시기 양잠으로 비단과 천을 짜고 복식의 발전을 이룬 모든 공을 현숙한 황제의 왕비 루조로 표현한 것이라고 할 수 있다.[47)]

갑골문 𧗸

전설속의 양잠이야기

전설은 사물이나 이야기의 근원이 신화와 달리 보다 구체적이다. 따라서 이야기의 구성이 좀더 실제적이고 예술적이며 상상의 나래를 펴게 한다.

양잠(養蠶)의 신화 전설이야기도 예외는 아니다. 『산해경』에 '비단은 여인이 토해낸 것'이라는 기록이 있다. 고대인들은 양잠을 여인과 연결시켜 상상해낸 결과라고 볼 수 있다. 그러나 수천 년의 양잠 과정중에 누에의 머리와 말의 머리를 비슷하게 보고 누에와 여인, 그리고 말과 연결시킨 '양잠전설'을 만들어냈다. 진(晉)나라 때 저술된 『수신기(搜神記)』에 '蠶馬전설'이 기록되어 있다.

---

47) 허진웅 저, 홍희 역, 『중국고대사회』 동문선, 1993

태고 적에 한 추장이 어린 딸과 수말 한 필을 남기고 원정을 떠나게 되었다. 정성껏 말을 돌보던 딸은 시간이 지나자 아버지가 그리워 말에게 "네가 만일 아버지를 모시고 오면 너에게 시집갈 거야"라고 농담을 하였다. 말은 이 말을 듣자마자 고삐를 끊고 아버지 있는 곳으로 달려갔다. 자기 말을 본 아버지는 기쁨에 차 말을 타자 달리기 시작했다. 혹시 집안에 무슨 일이 있나 걱정하며 집으로 돌아왔다.

집으로 돌아온 말은 먹지도 자지도 않으며 딸의 뒤만 쫓아다녔다. 딸에게 내력을 들은 아버지는 딸을 단속하고 바로 말을 사살하고는 말의 가죽을 벗겨 나뭇가지에 걸어두었다. 아버지가 외출한 틈을 타 어린 딸은 이웃친구들과 말가죽위에서 뛰어놀며 말했다. "짐승 주제에 사람을 아내로 맞으려 하다니 너의 죽음은 자업자득이다" 그의 말이 끝나기도 전에 말가죽은 딸을 둘둘 감고 날아갔다. 아버지가 급히 돌아와 백방을 찾았으나 종적을 알 수 없었다. 얼마가지 않아 말가죽과 어린 딸은 누에고치가 되어 큰 나무에 가득차있었다. 부녀자들은 다투어 이 누에를 길렀고 여기서 짠 실은 품질이 특히 좋았다. 그 큰 나무는 바로 뽕나무였다.[48]

신석기 시대 _ 편직물과 배 짜기

편직물은 원시 수공예의 정수로 그 근원은 채집경제 시대로 거슬러 올라간다. 과일이나 나무줄기를 채집하여 먹고 난후 마른 줄기를 엮어 돗자리를 짜고, 새집과 같은 둥근 형태를 모방하여

桑

48) 潛明玆. 『중국 고대 신화전설』 중국국제광파출판사, 2010

바구니를 짰다. 농업의 발달로 수확한 곡물을 담는 그릇이나 기타 생활용기가 필요했기 때문이다.

　신석기시대에는 葛(칡), 麻(삼) 등에서 결을 뽑아 실을 만들고 배를 짰다. 서안 반파의 도기 밑에서 돗자리나 마직의 흔적이 있고, 여러 곳에 갈포와 마포 흔적도 남아 있었다. 1926년 앙소유지에서 인공적으로 반을 자른 누에고치를 발견하여 이미 누에를 길러 실을 뽑았음을 증명하였다. 이어 1959년 절강성의 한 유적지에서 신석기시대의 비단실을 발견하였다. 직물의 밀도를 감정한 결과 당시 가정에서 양잠업이 이루어졌다는 사실을 충분히 증명하였고 직조기술은 이미 상당한 수준에 이르렀음을 알 수 있었다.[49]

양잠 관련 문자

桑
잎이 무성한 뽕나무 모양이고 喪은 뽕나무에 바구니를 걸어 놓고 뽕 잎을 따는 모양이다. 공교롭게 사람이 '사망하다'는 말의 발음 역시 '상'이어서 뽕잎딴다는 喪을 '잃을 喪'으로 차용했다.

麻
집안에 삼의 껍질을 벗겨 걸어 놓은 모양이다. 줄기는 실을 뽑아 삼베를 짜고 씨는 마취나 환각작용이 있어 고대 巫人들이 질병치료나 종교활동에 활용하였다.

49) 朱鳳瀚 주편, 『文物中國史·史前時代』 중화서국, 2004

絲
실을 뽑아 여러타래 모아둔 모양이다.

專
손으로 물레를 돌리며 위로 세가닥을 넣어 한 줄의 실을 짜는 모양이 專이다. 물레를 돌릴 때 집중해야 해서 '오로지', '전문', '진심'이란 뜻이 생겼고, 물레를 돌리므로 돌다 는 뜻도 있어 전(傳), 전(轉) 등 자가 만들어졌다.

衣
천을 짜 옷을 만들었을 때 윗옷의 목과 양족 소매를 강조한 것이다.

乍(作)
윗옷의 앞섶을 그렸다. 옷을 만드는 일은 매우 중대한 일이었다. '만들다'라는 말의 문자를 만들때 乍처럼 옷의 앞섶을 그렸고, 때로는 바늘을 함께 그리기도 하였다. 乍이 '잠깐'이라는 말이 차용되자 점차 作으로 변했다

宿
좌식생활에서 돗자리를 깔고 앉아있거나 잠잘때도 돗자리를 깔았다. 잠잘 때 더욱 유용하게 쓰여 '잘宿'이 되었다.

05
처음 한자를 정리한 창힐(倉頡) 이야기

한자는 어떻게 만들었을까? 황제는 치우를 물리치고 천하를 평정한 후 나라의 모든 제도를 정비하였다. 사관 大僥에게 역법을 정비하게 하고, 伶倫에게는 음악을, 사관 倉頡에게는 그동안 각지에서 쓰던 문자들을 모아 정리하게 하였다. 큰 전쟁이 끝난 후에 어수선한 국가의 제도를 보완하고 문서를 기록하는데 문자가 필요했고 또 아동들을 교육시킬 학습교재가 시급했던 것이다.

당시의 한자는 세종대왕이 집현전학자들과 함께 한글을 창제하듯 한곳에서 만든 것이 아니고 여기저기에서 여러 종족의 구성원들이 그림으로 생각을 그려 소통했던 그림문자였기 때문에 전체적인 정리가 필요했던 것이다. 한자가 정리되고 발전해온 과정을 살펴보자.

창힐과 문자 발전의 역사

창힐의 문자정리와 도문

황제시대는 약 5천 년 전이다. 그런데 약 7, 8천 년 전 시대의 초기문자가 발견되었다. 앙소문화 시대의 西安의 半坡 일대에서 발굴된 도기에는 1에서 10까지의 숫자와 示 · 矢 · 竹 · 甲 · 米 등 간단한 문자지만 시기는 황제시대보다 2천년이나 앞선다. 이런 글자가 이곳저곳에서 쓰였으니 황제는 창힐에게 이들을 사용하기 편하도록 정리 하라고 명한 것이다. 이들 도문은 1천여 년이 지난 하나라 때도 여기저기에서 쓰였고 상나라까지 전해 내려왔다. 아래 도문에서 木, 來, 車, 陶, 田, 中 자를 볼 수 있다.

(도 28) 상대의 도문(이효정, 소둔은허도기문자부호, 62)

상나라의 甲骨文

3,300년 전 상나라(B.C.1600~B.C.1046) 때는 갑골문이 왕실의 공식 문자로 쓰였고 그 외 도문, 청동기에 새긴 금문, 석문이 있었다. 그중 갑골문은 거북이 뼈인 甲과 동물의 뼈인 骨을 필기구로 삼아 기록했었기 때문에 甲骨文字라고 한다. 상왕은 나라의 모든 일을 하늘의 상제나 옛 조상, 즉 귀신에게 점을 쳐 묻고 그 점괘의 결과에 따라 통치했다. 전쟁을 하거나 가뭄과 질병에 시달릴 때에도 어김없이 점을 쳐 도움을 청했는데 그 내용을 갑골에 새겨 두었다. 점친 내용을 卜辭라고 하는데 갑골문은 바로 복사인 것이다.

갑골문 중 회임한 왕비가 아들을 낳을지 딸을 낳을지에 대하여 물었던 출산관련 복사를 예로 들어 보자.

〔戊〕辰卜 殼貞 : 婦好冥, 嘉. (13999편)

무진일에 점치고 각이 묻습니다. : 부호 왕비가 아이를 낳는데, 아들을 낳을까요?

『합집』 13999편

'婦好'는 상왕 武丁이 가장 사랑하던 왕비이고, '冥'은 '두 손으로 뱃속에서 나오는 아이를 받는 모양'으로 '출산'을 뜻했다. 아이는 어두운 곳에서 나와 冥은 점차 '어둡다'가 되었다. '嘉'는 女人의 곁에 농기구 가래(力)를 둔 모양으로 '남아'를 상징한다. 농사지을 아들을 낳아 '기쁘다'는 의미로 쓰였다. 당시 왕비는 자신의 아들이 제위에 올라야 정식왕비로 인정되었고, 사후에 남편과 함께 제사를 받았다. 3,300년 전 남아선호가 극심했음을 말해 주고 있다.

어느 戊辰일에 왕비가 출산기미가 있었다. 왕을 대신해 점을 치는 사관인 殼은 점을 치며 "부호왕비가 아이를 낳는데 아들을 낳을까요?"라고 신에게 고해 물었다. 도판이 잘려 계속 된 내용은 알 수 없지만 "아들을 낳겠다, 또는 딸을 낳겠다."는 점괘가 나왔을 수 있다. 점괘는 점을 치면서 불로 뼈를 지지면 卜처럼 뼈가 갈라지는데 그 균열을 보고 왕이 판단한다. 이 경우 아이를 낳은 후에야 점괘가 들어맞았는지 여부를 알 수 있다. 만약 점괘가 '아들을 낳겠다'고 했는데 정말 아들을 낳았다면 "과연 아들을 낳았다."고 적중된 그 결과를 기록하였다.

갑골문의 기록은 4단계로 이루어졌다.
첫째, 날짜와 점친 사관의 이름이다. "戊辰卜 : 殼貞"
둘째, 점칠 내용을 고한것이다. "婦好冥, 嘉."
셋째, 왕이 점의 결과인 점괘를 보고 길흉을 판단한다.
넷째, 점의 실현 여부를 기록한다.

德

德은 行과 直을 합쳤는데 直(✦)은 바르게 보다는 뜻이다. 마음 흩어 짐 없이 앞을 똑바로 보고 나아가야 함을 말하여 정직함, 단정함을 뜻했다. 점차 이러한 마음으로 다른 사람에게 베풂을 德이라 하였다.

갑골문의 문장은 이렇게 4단계로 기록하는데 위의 예처럼 처음 두 단계만 기록된 경우가 대부분이다.

길흉의 결과는 왕만 알고 싶을 수도 있다. 또 실현여부는 결과를 보고 나서 다시 골판을 꺼내어 기록해야하여 많이 생략 되었다. 2017년은 丁酉년, 닭의 해이다. 3천 년 전에 쓰던 六十 甲子가 오늘날까지 면면히 지속 되고 있으니 그 지속성은 실로 놀랍다.

董臨簋 명문

주나라의 金文

周나라(B.C.1046~B.C.221)는 청동기시대의 전성기였다. 상나라의 청동기제작 기술을 고스란히 이어받았고, 더불어 상대에 甲骨에 사건을 기록한것 처럼 청동기에 국가의 중요한 일들을 새겨넣었다. 주대는 상대의 갑골문과 금문이라는 두 문자체계 중 금문계열의 전통을 이어 받은것이다. 주대에는 상과 달리 귀신에게 점을 치기보다는 국력을 강화했고 德으로 백성을 다스렸다. 국가의 중대 사건이나 왕의 명령, 제후간의 맹약 등을 청동기에 새겨넣었다. 금속인 청동기

에 새겨 金文이라 하고 그
내용은 銘文이라 한다.
董臨簋는 서주초기 전형
적인 음식기로 몸통과 받침
대에는 변형된 夔龍紋과 渦紋
이 새겨있고 짐승머리를 한 새
형태의 손잡이는 바닥까지 내려와 위용을

(도 29) 董臨簋

드러낸다. 본 董臨簋는 서주의 귀족 董臨이 자신의 아버지에게 제사하
기 위하여 제작 한 것으로 높이 17cm 너비34cm 정도의 아담한 기물이
다. 바닥에 8자의 명문이 새겨 있다.[50]

　　董臨作父乙寶尊彝

　　董臨은 아버지 乙을 제사하기 위하여 이 궤를 만들었다.

　　주대 銘文에는 西周에서 춘추전국시대였던 東周까지 거의 800여년
간의 역사적 사실들이 기록되어있어 문헌과 같은 중요한 사료가 되고
있다. 진시황제가 여섯 나라를 차례로 무찌르고 통일 위업을 달성하여
秦나라를 건국하기전까지 金文이 사용되었다.

진나라의 小篆

　　진시황제는 초, 연, 제, 한, 위, 조 등 6국을 차례로 무찌르고 천하통
일의 대업을 완수하며 秦나라(B.C.221~B.C.206)를 건국했다. 그러나 재위
에 오른 뒤 통치상의 어려움을 느꼈다. 나라는 통일되었으나 병합된 6

---

50) 고궁발물원 編. 『고궁청동기 』자금성출판사. 1999년. 118번

(도 30) 小篆 嶧山刻石 일부

나라의 문자가 각기 달라 하달된 공문서를 여러나라가 읽을 수 없었기 때문이었다. 재상이던 李斯의 건의에 따라 秦나라의 문자와 다른 각 나라의 문자를 줄이거나 늘려 소전(小篆)이라는 서체를 개발했다. 진시황제는 재위 28년(B.C.219) 각지를 순시하며 소전을 보급하였다. 산동에 들렀을 때 시황제의 공덕을 담은 내용으로 제상 이사 써서 큰 돌에 새긴 嶧山刻石은 최초의 刻石으로 지금까지 전하고 있다. 秦나라는 중국을 Chiana라고 하는 어원이 될 만큼 중국의 역사에 큰 영향을 미쳤으나 통일제국의 건립후 15년을 겨우 넘겼다. 始皇帝의 아들 胡亥는 제위 3년 만에 漢 고조 劉邦에게 패하고 말았다.

한나라의 隸書

漢의 공식 서체는 예서(隸書)였다. 秦나라때의 小篆은 획이 둥글고 굵기가 일정해 쓰기가 매우 어려웠다. 더욱이 그동안 문자는 귀족의 전유물이어서 일반인에게는 익숙하지 않았다. 진이 6국을 통일한 후 많은 죄인들이 밀려들었고 죄인들의 죄상을 기록해야하는 조서는 폭주하였다. 조서는 주로 하급관리들이 맡았는데 빨리 쓰는 사이 小篆의 둥근 획이 각지고 삐침이 완연한 서체로 전환되어 갔다. 秦나라가 망하고 뒤를 이은 한나라는 자연히 변환된 자형을 이어받았다. 이 서체를 예서(隷書)라고 하는데 隷에는 하급관리들이 썼던 글자라는 의미가 스며있다.

漢 고조 유방은 초나라 항우를 대파시키고 漢제국 (B.C.206~A.D.219)을 건국하였다. 한대는 약 400년간 영위하면서 비록 전·후한으로 나뉘었지만 정치적으로나 문화적으로 강력한 중국의 기틀을 다진 중요한 시기였다.

그러나 한대 400여 년 간 隷書는 아름답게 발전하였다. 漢代에 전하는 많은 비문 중에서 가장 秀麗하고 典雅한 작품을 찾는다면 단연 曹全碑(185년)를 꼽을 수 있다.

(도 31) 隷書 曹全碑 일부

위진에서 당송시대 흥성한 楷書

해서는 한나라 말기에 흥기했고 正書라고도 하는 모범서체이다. 한대 중기부터 사람들은 예서의 골격은 그대로 유지하면서 지나치게 삐치는 부분을 다듬어 편하게 쓰는 서체를 이루어냈다. 이

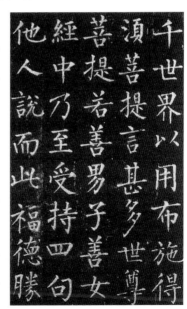

(도 32) 楷書 유공권 金剛經 일부

들이 楷書의 바탕이 되었다. 해서는 魏晉시대(220년~420년) 약 200년 동안 사용되면서 필획이 바르게 다듬어져 예서를 잇는 서체로서 자리를 잡았다. 해서 자료의 최고봉은 東晉의 불멸의 서성 王羲之를 꼽고 있다. 이어 당대의 걸출한 서예가인 유공권, 안진경 등에 의해 크게 발양되었고 宋代에 발전한 인쇄술에 힘입어 넓게 보급되어 현재에 이르기까지 거의 2000년 동안 쓰인 최장수 서체가 되었다.

초서(草書)와 행서(行書)

草書는 漢代에 형성되었던 서체로 隸書의 기초위에 발전되었다. 예서를 간결하게 쓰려는 실용적인 추구는 새로운 서체인 草書를 낳았다.

唐에 이르러 초서는 章草, 今草, 狂草로 구분되었다. 章草는 획과 획이 서로 연결되는 상태를 말한다. 今草는 획의 연결은 물론 글자와 글자 간에도 연결되는 자체로서 王羲之의 今草를 최고봉으로 꼽는다. 狂草는 구속됨이 없이 자유분방한 필세의 초서이다. 草書는 당대에 이르러 실용성을 벗어나 예술의 경지로 돌입하였다.

行書는 楷書와 草書의 중간에 속한 서체이다. 이들은 모두 정자

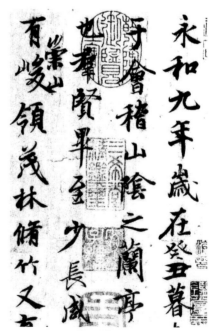

(도 33) 行書 王羲之의 『蘭亭集序』

로 쓰기가 어려워 흘려 쓰게 되면서 행서를 낳았다. 行書의 특징은 楷書의 골격을 유지하면서 필획을 연결시키거나 생략시켰다. 行書는 초서처럼 난해하지 않고 실용도가 높아 공문서나 일상의 생활에 가장 널리 애용되는 서체이다. 王羲之의 「蘭亭集序」를 만고의 걸작으로 여긴다. 이렇듯 草書나 行書는 일반인이나 많은 서예가들의 애호를 받았지만 한 時代를 대표하는 공식서체로서의 전당에는 오르지 못하였다.

현대 중국의 간체자

1949년 중국은 蔣介石이 이끌던 국민당이 대만으로 이주하여 자유중국을 이었고 毛澤東이 이끌던 공산당은 대륙에서 新中國을 건국했다. 1956년 신중국정부는 높은 문맹율을 극복하기 위하여 일부 복잡한 글자들을 간편하게 줄인 간화자(簡化字)를 2천 3백여 자 만들어 보급하였다. 우리가 간체자라고 하는 이들은 기존의 한자를 여러 방법으로 줄인 것이다.

가령 龜자는 亀로 간략하게 줄였고, 衛자는 卫로 글자의 일부를 취했다. 중국을 여행하고 돌아온 사람들은 "중국에 가니 이상한 한자들이 있더라"고 말한 것은 이 때문이었다. 또 곡식인 穀자는 음이 비슷한 谷자로, 안쪽이라는 裏는 음이 같은 里로 대체 하였다. 그러나 사용 중 谷食과 溪谷의 谷이 혼동되고, 안쪽이라는 里面과 洞里 간에도 서로 충돌되었다. 이러한 종종의 문제점으로 간화작업은 1986년 30년 만에 중단하였다. 그러나 이미 간화된 2천 여자는 계속 사용하도록 하였다. 간략하게 줄인 몇 가지 방법을 살펴본다.

간체자의 줄인 방법

(1) 획을 줄인 것 :   龟(龜)   鱼(魚)   庄(莊)

(2) 고체자를 대체시킨 것 :   众(衆)   從(從)   气(氣)   无(無)

(3) 원자의 특정부위만 남긴 것 : 声(聲)   习(習)   医(醫)   乡(鄉)

(4) 동음자로 대체한 것 :   里(裏)   几(幾)   谷(穀)   丑(醜)

(5) 성부를 줄인 것 :   迁(遷)   灯(燈)   钟(鍾)

(6) 초서로 대체한 것 :   东(東)   专(專)   农(農)

(7) 새로 형성자를 만든 것 :   惊(驚)   础(礎)   护(護)

이 상과 같이 한자는 갑골문에서 금문으로, 금문에서 소전, 예서, 해서, 간화자로 역사의 굴곡을 따라 생명력 넘치게 변화하였다. 그 변모상을 살펴보자.

한자의 연속성

수만 수천 년을 살아온 고대 인류들은 나름대로의 싸인을 주고 받으며 의사소통을 하다가 언어를 만들어 사용하였다. 인지가 발달하면서 점차 생각을 더 오래 더 멀리 남기고 싶었던 것이다. 참으로 기발하게 생각을 그림으로 그렸다. 내가 그린 그림을 다른 사람이 무슨 뜻인지 알아보고, 다른 사람이 그린 그림을 내가 알아보아 그림은 서로간 소통의 도구가 되었다. 이 같이 소통의 도구로 쓰던 그림문자가 발전해 漢字로 탄생했다. 약 1만 년 전 움트기 시작한 한자는 7, 8천 년 전에 사람들은 간단한 그림문자를 남겼다.

한자의 자형 변천도

지지	동물	갑골문	금문	소전	예서	해서	행서	초서	간체
子	鼠		𤝗	𤝗	鼠	鼠	鼠	鼠	鼠
丑	牛	牛	牛	牛	牛	牛	牛	牛	牛
寅	虎		虎	虎	虎	虎	虎	虎	虎
卯	兎	兎	兎	兎	兎	兎	兎		兎
辰	龍	龍		龍	龍	龍	龍		龙
巳	蛇	蛇	蛇	蛇	蛇	蛇	蛇	蛇	蛇
午	馬	馬	馬	馬	馬	馬	馬	馬	马
未	羊	羊	羊	羊	羊	羊	羊		羊
申	鷄	猴	猴		猴	猴		猴	猴
酉	鷄	鷄	鷄	鷄	鷄	鷄		鷄	鸡
戌	犬	犬	犬		犬	犬	犬	犬	犬
亥	豕	豕	豕	豕	豕	豕	豕	豕	豕

5천 년 전 천하를 통일한 황제시대에는 사관이었던 창힐에게 온 나라에 산재한 문자를 모아 정리하게 하였다. 고대 유물들이 발견되기 전에는 전통적으로는 창힐이 문자를 만들었다고 하지만 창힐시대보다 2천년이나 앞선 시대의 문자도 찾았으니 그가 이곳저곳의 문자를 한데모아 정리 했다는 말이 설득력을 얻는다. 또 다시 2천년쯤 뒤 그림문자들이 한데 모아져 상대에는 甲骨文이라는 체계적으로 언어를 기록했던 진보된 문자로 태어났다. 한자는 이처럼 그림으로 그렸던 상형자의 맥락으로 시작하여 시대에 따라 그 시대의 특성을 받아들이며 여러 자형으로 변하면서 5천여 년이나 이어왔으니 그 연속성은 참으로 놀라운 일이다.

文房四友 붓, 종이, 벼루, 먹

문방사우라는 말은 참으로 정겹다. 한자를 많이 쓰던 시절에는 한자 붓글씨를 익히는 서예학원이 곳곳에 자리하고 있었다. 어린이들이 붓을 들고 어설프게 글자를 익히는 모습은 대견스러웠고, 어머니들이 단정하게 앉아 붓글씨를 쓰고 있는 자태는 자녀들이 보기만 하여도 인성교육이 저절로 되는 듯 했다. 먹을 갈고 종이를 접고 한글자 한글자 써내려가는 동안 거칠던 성정이 차분하게 가라앉기 때문이다. 초등학교에서 한자를 가르치게 되었다니 실로 기쁜 소식이 아닐 수 없다.

漢字의 글쓰기는 어떤 글자나 먼저 좌에서 우로 긋고 위에서 아래로써간다. 行을 바꿀때는 가로쓰기는 左에서

友

右로 향하고, 세로쓰기 줄은 右에서 左로 향한다. 이러한 특징은 초기에 나무판이나 대쪽에 썼던 글쓰기 도구와 관계가 있다.

붓으로 글씨를 쓰는데는 문방사우인 종이, 붓, 먹, 벼루가 필요하다. 아마도 이 말은 종이가 만들어진 후에 생겨났다고 할 수 있다. 그렇다면 붓은 언제 만들어졌을까. 그 답은 갑골문에서 찾을 수 있다. 중국에서 최초의 기록인 갑골문을 보면 甲骨조각에 붓으로 먼저 쓰고 칼로 새겼으며 먹이나 주사로 칠을 하였으니, 뼈 조각이 종이를 대신하였을 뿐 3천년 전 문방사우를 두루 갖추었다. 글쓰기와 관련된 筆, 書, 冊, 典, 黑 등을 살펴보자.

영륜(伶倫)의 음악정리

인간과 음악과의 관계는 사람이 태어나면서 부터라 해도 과언은 아니다. 인간의 생활에서 오락은 빼놓을 수 없는 요소이기 때문이다. 상고시대 어떤 오락이 있었는지는 지하에서 발견한 돌이나 두드릴 수 있는 도기, 뼈로 만든 악기로 추측해볼 수 있다. 우선 음악의 기원을 살펴보면 사람들이 동물을 유인하기 위해 기묘한 소리를 내고, 신을 즐겁게 하기 위해 아름다운 목소리를 내거나 애절한 소리로 영혼을 달래주는 일에서 찾을 수 있을 것이다. 심지어 사람들은 노동의 고생스러운 마음을 달래기 위해 부르는 소위 勞動謠가 음악의 기원이라고까지 말한다. 그러나 중국에서 음률을 정해 곡에 맞게 노래 부르거나 악기를 연주할 수 있게 한 공노자로는 황제의 악사였던 영륜(伶倫)을 꼽는다.

筆

3천 년 전 상나라 사람들은 갑골판에 글을 썼는데 먼저 붓으로 쓰고 칼로 새겼다. 聿(오직 율)은 손에 붓을 잡고 글자를 쓰는 모양이다. 붓으로 글을 쓰고 미처 새기지 못한 골판을 남겨 놓았다.

진나라때 몽이(蒙怡)가 토끼털을 대나무에 꽂아 단단한 붓을 만들면서 竹변을 붙여 筆자가 탄생했다. 聿은 음에 의해 '오직', '드디어'라는 말이 차용해 갔다.

書

붓으로 글자를 쓰면서 '쓰다'라는 글자가 필요했다. 글자를 쓰는 과정을 그렸는데 바로 '書'자이다. 붓이 먹물통 위에 있는 모양으로 먹물을 찍어 글자를 쓰는 모양이다. 書는 점차 '글을 쓰다', '책' 등으로 쓰였다.

冊

종이가 없던 시절 나무판이나 대쪽, 뼈 조각은 귀중한 글쓰기 재료였다. 대나무나 거북이 뼈를 책처럼 엮어 만든 것이 冊자다. 갑골문 冊자를 보면 길고 짧은 대나무를 두줄로 엮거나, 거북이 뼈의 양옆에 구멍을 뚫은 다음 줄에 꿰어 龜冊을 만들었다.

典

귀중한 책을 받침대에 올려둔것이 典이다. 글자를 잘못썼을때 칼로 깍고 다시 써서 冊에 刀를 붙인 刪(깎을 산)자가 나왔다.

갑골이나 대나무가 종이역할을 하다 점차 천과 비단에 글을 썼고 후한시대 채륜(蔡倫, A.D.102)이 나무줄기를 뽑아 종이를 발명해 일반적으로 널리 사용하게 되었다.

黑

갑골문과 금문에 黑자가 있고 진나라 소전에는 黑에 土를 합친 墨자가 있는데 이는 검정색 광물질 원료이다. 한대 이후 소나무, 오동나무의 진과 그을음을 섞어 붓글씨를 쓰기 위한 염료인 '먹'을 만들었다.

영륜은 음악을 사랑하고 또 무척 즐기던 사람이었다. 수렵시대 동물 뼈에 구멍을 내 피리를 불며 동물을 유인하고 군대의 지휘신호로 불던 시대를 지났다. 그는 탄탄하게 자란 대나무를 적당한 크기로 자르고 다듬은 뒤 회를 끼워 피리를 만들고 자유자재로 각 종 음을 낼 수 있었다. 영륜은 어느 날 봉황이 울어 대면서 내는 맑고 부드러운 소리에 도취되어 피리로 그 소리를 모방하였다. 이리저리 불며 여러 번의 반복 단련 끝에 성공적으로 모방할 수 있었고 수컷과 암컷의 소리까지도 구분하는 경지에 이르렀다.

수컷은 우렁찬 소리 가운데도 6가지 변화가 있고, 부드럽고 아름다운 암컷의 소리 역시 6가지 변화가 있다는 것을 알아냈다. 령륜은 12개의 길이가 각기 다른 대나무관으로 12개의 律管을 제작하였다. 그 중 6개는 봉황의 울음소리를 모방한 6陽律이고, 나머지 6개는 봉황의 부르짖음을 모방한 6陰律이다. 중국의 가장 오래된 樂律이 그에 의해 탄생되었다고 전하고 있다.[51]

악기와 무도

세계 어느 민족이나 고유한 춤과 음악이 있다. 중국 음악에 대한 실물 증거는 최소한 8, 9천 년 전으로 거슬러 올라간다. 河南 舞陽 신석기시대 유적지에서 학의 다리로 제작된 골피리(骨笛)를 25점이나 발굴했다. 음악가들이 실험해 보니 7개의 구멍이 뚫린 피리들은 제대로 음을

---

51) 龔書鐸, 『전설시대, 하상주』 봉황출판사, 2006

(도 30) 骨笛 (문명의 전기 21쪽)

냈다.[52] 참으로 놀라운 피리들 이었다.

피리이외에 陶鼓와 陶塤(나발)이 있다. 塤은 흙으로 둥글게 빗고 구멍을 뚫어 부는 악기다. 음악과 춤은 불가분의 관계가 있다. 1973년 청해에서 발견된 舞蹈紋彩陶에는 5명이 한 組로된 3팀 무용수들이 손에 손을 잡고 역동적으로 춤추는 모양이 새겨있다. (도40 참조)북소리에 맞추어 춤을 추었을 무용수의 모습이 정말 멋지다. 무용수들의 엉덩이에 꼬리를 그려 더욱 역동적이다.

여와를 비롯한 부족의 수령인 복희씨, 신농씨에 이어 제곡, 요, 순 등 역사적인 인물은 모두 음악을 좋아하고 중시했다. 황제는 琢鹿大戰에서 뿔을 불어 소리를 냈다고 전하는데 실제로 비슷한 시기에 악기로 썼던 陶號角이 발견 되었다. 음악은 국가적인 행사나 제례의 진행에 쓰인 필수적인 요소였으므로 제왕이 있으면 반드시 그에 어울리는 음악이 있었던 것이다. 악기가 있음에 만들어진 글자들을 살펴보자.

---

52) 劉煒 張淸儀, 『文明的奠基』 상무인서관, 2003

악기 관련 문자

관악기

吹

꿇어앉은 사람이 입을 크게 벌리고 부는 모양으로 '불 취(吹)'가 되었다.

龠

약(龠)은 대나무에 구멍을 뚫은 피리 모양이다. 두개를 끈으로 묶은 관악기이다. 피리를 그렸지만 제사 이름으로 썼고, 후대에는 점차 용량의 단위로도 썼다.

龢

화(龢)는 龠와 禾를 합쳤다. 점차 '조화를 이루다'는 뜻으로 쓰였다. 제사이름으로도 썼는데, 풍성한 수확을 얻고 조상에게 음악을 연주하며 감사를 드리는 제사를 화제(龢祭)라고 하였다.

현악기

樂

樂(악)은 나무 위에 줄을 매어놓은 모양으로 고대악기 금슬(琴瑟)을 그린 것이다. 본의는 琴이다. 樂은 五聲八音의 총명이라고 하였다. 점차 줄을 당기는 손톱의 모양을 '白'으로 나타내 樂이 되었다.

타악기

鼓

鼓(고)는 몸체 위에 술이 있고, 받침대 위에 올려놓은 모양인데 손에 채를 잡고 치는 모습을 합쳐 鼓를 이루었다.

磬

경(磬)은 돌을 얇게 조각내 크기대로 걸고 두드려 소리를 내는 악기 다. 磬(경)자는 줄에 걸린 돌을 채로 치는 모양을 그려 나타냈다.

音

音은 소리를 내는 舌, 言과 깊은 관계가 있다. 音은 입에서 혀가 움이고 그 위에 ─획을 그어 소리를 내고 말하는 言을 나타냈다. 그러므로 音, 言, 舌은 뿌리가 같은 글자이다.

제3부

신과
인간이
구분되다

01
하늘과 인간의 통로를 끊은
전욱(顓頊) 이야기

중국의 고대사회를 다스렸던 전설적인 조상은 伏羲 · 女媧, 神農과 이들의 뒤를 이은 黃帝 · 顓頊 · 帝嚳 · 堯 · 舜 등 三皇五帝이다. 황제의 손자이고 순임금의 高祖가 되는 전욱은 그가 이끌던 시대를 크게 변혁시켜 사회에 큰 공을 세웠다. 어떤 변혁을 하였을까? 이들이 존재하던 신화전설시대는 1920년대 중국에 고고학이라는 새로운 학문이 들어 온 뒤 석기시대나 앙소문화, 용산문화처럼 명칭이 새롭게 명명되였다. 용산문화 시기를 지내던 전욱은 신과 인간의 사이를 구분하고, 모계사회에서 부계사회로 전환하는 단서를 제공했다.

신과 인간 사이를 구분하는 개혁을 단행했다

전욱(顓頊)은 전설 중에 북방의 신이다. 그는 사람의 얼굴이지만 새 몸을 하고 푸른 뱀을 귀에 걸고 발에도 달고 다녔다. 새나 뱀을 토템으로 한 고대민족의 상징을 그의 몸에 담고 있는 것이다. 전욱은 황제의 손자로 20세에 東夷집단과 교차하던 접경지역에서 수많은 경쟁부락의 수령들을 물리치고 정치적 종교적 지도자로 등극했다.

고대 신화 중의 영웅들은 신성이 충만하여 신령들은 신통력이 있는 인간으로도 변신해 신과 인간의 경계가 분명하지 않았다. 이런 시대에 신은 인간세상으로 내려오고 인간은 하늘로 올라갈 수 있어 신과 사람은 빈번하게 교류하였다. 인간은 建木과 같이 거대한 나무를 하늘사다리삼아 崑崙山 같은 높은 산도 오를 수 있었다. 이처럼 인간과 신이 자유롭게 소통하던 통로를 전욱은 과감하게 막아버리고 신과 인간의 사이를 구분 지었던 것이다.[53]

巫師가 하늘과의 교류권을 독점하다

고대의 전쟁은 잔혹했다. 설상가상으로 수해와 가뭄으로 사회가 혼란에 빠지고 백성들의 생활은 참담했다. 이러한 현실에서 부락간의 경계가 허물어지고 새로운 융합이 이루어졌다. 전욱은 이러한 기초위에 일종의 개혁을 단행하고 사회를 균형있게 발전시키며 전진했다. 씨족사회는 조직이 작았으나 부락연맹으로인해 사회범위가 광대해졌다. 이같은 상황에서 만약 사람마다 각기 신과 교통한다면 사회적 혼란이 더욱

---

53) 龔書鐸, 劉德麟, 『圖說전설시대 하상주』 봉황출판사, 2006

야기될 수 있기 때문에 인간이 신과 직접 교류를 할 수 없게 만들었다.

하늘과 소통하는 통로가 막히자 인간은 하늘로 올라 갈 수 없었다. 하지만 높은 곳에 있는 신들은 여전히 아래 세상을 내려다 볼 수는 있었다.

하늘과 땅의 통로를 끊은 것은 종교전쟁과도 같은 일종의 종교개혁이었다. 顓頊이전에는 누구나 신령을 제사하고, 어느 종족이나 하늘과 땅에 대해 제사를 지낼 수 있었다. 이러한 관계속에서 신령의 경건함이 약화되고 신권의 존엄성이 하락해 갔다. 또한 사람들은 모든 일을 신에게 의지하며 귀신에 점을 쳐 신의 뜻에 따랐고 요행을 바라며 땀흘려 생업에 종사하려 들지 않아 사회질서가 서서히 무너지고 있었다.

顓頊은 낮아진 신의 존엄을 회복하고자 제사는 무사(巫師)에게 전담시키고, 하늘에 제사하는 전담관인 무사를 통해서만 신령과 소통하게 하였다. 더 이상 민간인이 신과 통하는 행위를 금하게 하여 사회의 질서를 회복하기에 주력하였다. 한편 사방의 이족을 속속 정벌하고 통치영역을 넓혔다.[54]

무사의 출현과 역할은 무엇이었나.

인간 세상에 巫師는 어떻게 출현했고 어떤 역할을 하였을까? 원시인

---

54) 羅琨, 張永山, 『원시사회』 중국청년출판사, 1995

류는 자신들이 극복할 수 없는 대상을 신령과 결합시켜 능력을 더욱 강화하였고 이를 자신을 보호하는 정신적 지주로 삼았던 데서 巫術은 출발하였다. 초기에는 누구나 巫術행위를 하였다. 신과 교통하는 巫術행위는 개인적인 기원을 목적으로 삼았기 때문에 무술의 창조나 집행자는 자신이고 자기가 바라는 소원을 들어줄 대상도 자기가 만들어 놓은 신령이었다.

사회가 발전하면서 무술은 개인의 이익보다 사회집단의 힘을 중시하는 종교행위가 되었다. 강력한 신령의 강림 속에 경험이 많은 巫術師, 즉 우리가 무당이라고 칭하는 巫師가 공공의 무사 지위에 오르게 되었다. 그 지위는 왕과도 같은 절대적인 위치에 있었다. 남녀를 구분할 때는 여성은 巫, 남성은 巫覡(무격)이라 부르는데 覡은 '박수무당 격'자이다.

이시기 人과 神의 세계는 엄격하게 구분된 가운데 巫師만이 신의 세계를 넘나들며 인간의 뜻을 신에게 고할 수 있었던 것이다. 고고자료에 의하면 최소한 모계사회였던 앙소문화 반파유적지의 도기상의 인물들을 巫師로 간주하고 있다. 전욱이 존재했던 용산문화시기에 이르러서는 무사의 힘은 더욱 강화 되었다.

(도 35) 장화 신은 신석기시대 巫師
이 종교적인 색채가 농후한 神器는 특별하게 과장되게 표현하였다. 당시는 모두 맨발로 생활하였고 소수만이 신을 신었다. 따라서 이는 巫師이거나 씨족의 수령으로 추정 하고 있다. 『문명의 전기』

이시기의 大巫로는 '重'과 '黎'가 있었다. 重은 지상의 일을 천상의 신에게 고하는 일을 전담하고, 黎는 지상의 백성들의 안녕과 질병치료를 담당했다. 이는 중국역사상 직능별 분업이 이루어진 효시라고도 할 수 있다. 그들은 단순한 무술의 집행자가 아니고 공익을 위해 노력하는 公人으로 절대 권력을 장악했다. 무사의 의견은 이미 개인의 뜻이 아니고 신의 계시로 여겼기 때문이다. 이는 顓頊시대의 시대정신이었다. 그러나 巫師의 절대권한은 자연신보다는 조상신을 중시하고 왕권이 강화된 夏代, 商代이후 점차 쇠락해 왕의 조력자로 밀려났다.[55]

교류권을 장악한 巫師의 상징물 - 옥종

사회가 발전함에 따라 원시종교는 정치와 결합하며 몇 사람만이 하늘과의 교류권을 장악하였다. 용산문화를 이끌던 顓頊은 하늘사다리를 끊고 하늘과 땅의 교류권를 독점하여 神은 하늘에, 民은 땅에 속하게 규정하였다. 교류권 장악의 상징물은 玉琮이었고 무사는 이를 소지했다.

玉琮의 형태는 땅을 상징하는 네모기둥 위에 하늘을 상징한 원형을 얹고 하늘과 땅을 소통한

55) 文鏞盛, 『中國古代社會的巫覡』 혁문출판사, 1999
56) 劉煒. 張倩儀. 『문명의 전기』 상무인서관, 2003

(도 36) 巫師의 法器 玉琮[56]

玉
옥조각을 끈에 꿴 모양이다. 玉에 宗을 합한 琮자를 합하여 권력자의 상징물을 나타내는 기물이름으로 썼다.

다는 의미로 중간을 관통시켰다. 금속 장비가 없던 시대에 돌보다 더 강한 옥으로 만든 琮의 제작은 한없는 시간을 쏟아야 하는 어려운 공정이었다. 무사가 이처럼 귀한 옥종을 소유한 것은 씨족 부락연맹에서 그가 존귀한 위치에 올랐고 실제로 하늘과 땅의 소통권을 장악하였음을 증명한다.[57]

전욱과 부계사회로 전환되는 시기의 상징

전욱은 황제가 천하를 병합한 후의 통치자였다. 따라서 모계사회에서 부계사회로의 전환기의 중심에 있던 제왕으로 변화된 사회를 이끌어야 했다. 모계에서 부계로의 전환은 종교개혁에 버금가는 사회변혁이었다. 여성의 중추적 역할이 상실되고 父子의 존재가 부상되었다. '아버지가 누구인지 알릴 필요가 없는 사회'인 모계사회에서 '아버지를 알리는 사회'로 전환된 것이다.

나아가 결혼과정에서 남성의 구혼방식, 주거공간 등 생활 각 분야에 큰 변화가 일어났다. 그는 지략이 뛰어나고 총명하여 합리적인 사고로 사회를 이끌어 백성들의 신뢰를 한몸에 받았다. 그의 통치 전략은 신과 인간 사이의 모호한 한계를 정리하는 종교개혁과 민심 다스리기를 통해 흐트러진 부락민들을 단결시키는 것이었다. 동시에 신령의 신성한 지위

---

57) 周鳳翰, 『文物中國史·史前時代』 중화서국, 2004

를 확립시켜 신권을 강화하였다. 그는 변화되어가는 과도기적인 시기를 대표하는 신이자 인간통치자였다.

옥기의 제작과 옥사랑

사람들은 옥을 순결한 아름다움의 상징으로 여겼다. 신석기시대 초기에 이미 옥삽, 옥팔지, 옥구슬 등이 출현 했고 동물 형상을 모방한 신비한 옥기들을 만들어 냈다. 북경인들은 50만 년 전부터 돌을 다루며 일찍이 그 속성을 알아 신석기시대에 옥기제작은 큰 어려움이 없었을것이다. 『시경』에 「절차탁마(切磋琢磨)」로 학문의 길을 비유하고있다. 이는 학문이 "자르고 갈고 쪼고 문지른" 돌 다듬는 공정과 같이 피나는 노력이 필요하기 때문이었다.

3,300년 전 상왕 武丁의 비 부호묘에서는 玉鳳(도39)을 비롯한 700여 점의 정교하고 아름다운 각종 옥 기물이 출토된 것은 상대에 통치계급이 얼마나 옥을 중시 했는지 보여주었다. 옥을 사랑하는 중국의 전통은 수천 년이 지난 지금까지 전해져 옥은 악귀를 쫓는다고 믿으며 붉은 끈에 옥을 꿰어 목에 걸기를 즐긴다.

木, 火, 土, 金, 水 등 음양오행의 색상배합에서 木은 靑색, 火는 赤색, 土는 黃색, 金은 白색, 水는 黑색과 결합되었기 때문에 黃色을 '地之色也'라고 풀이한다. 중국인들은 黃色을 존중하여 황제만이 黃

(도 37) 상 왕비 부호묘 출토 玉鳳[58]

58) 李力 저. 『中國文物』 오주전파출판사. 2006

色의상을 입을 수 있다고 여겼다. 모두가 보았듯 '마지막 황제'에서 부이는 동생에게도 황색옷을 허락하지 않았다. 그 외에 黃帝, 黃伊 등 인명으로 가차되었다. 따라서 몸에 차는 옥은 璜(패옥 황)자를 만들어 전용했다.

黃
두 손으로 화살을 받쳐든 모양, 또 사람이 옥을 지고 있거나 허리에 옥을 차고 있는 모양 등으로 풀이한다. 점차 노랑색으로 가차되었다.

帝
하늘에 제사하기 위한 제단, 또는 꽃을 토템으로 하는 사람들이 씨방의 모양으로 보는 帝를 조상보다 한 층 높은 최고의 신을 칭한다. 절대권능의 신으로 추앙했다.

五行	五方	五季	五色	五味	五臟
木	東	春	靑	酸	肝
火	南	夏	赤	苦	心
土	中	盛夏	黃	甘	脾
金	西	秋	白	辛	肺
水	北	冬	黑	鹹	腎

음양오행
陰陽五行은 우주의 근원을 木, 火, 土, 金, 水 등 다섯 가지 기운으로 여기고 여기에 陰과 陽을 결합시킨 동양철학의 기본 원리이자 한의학의 골간이 된다. 또한 방위, 계절, 색조, 여기에 인체의 장부 등을 조합시켰다. 음양오행설은 특히 한대에 성하였다.

商 왕조의 조상
제곡(帝嚳) 이야기

帝嚳은 전욱에 이어 五帝의 대열에 오른 통치자다. 상 왕실에서 제사 드리기 위해 기록한 祭譜에는 까마득하게 먼 조상(先公遠祖)과 가까운 조상(先公近祖)으로 나누는데 제곡(帝嚳)을 商族의 아주 먼 조상의 첫머리 시조로 삼고 있다. 商族은 상 왕조 건국이전의 부족 이름이고, 그로부터 14世에 이른 성탕은 하나라를 멸망시키고 商 王朝를 건국했다. 일반적으로 商代라 칭한다.

동이족, 새 토템의 역사를 열다

제곡은 막 태어나자마자 자신의 이름을 부를 정도로 신령스러웠다. 나이 열다섯에 제왕 전욱을 도와 큰 공을 세웠고 자신이 제왕이 된 뒤에는 위로 황제, 염제의 위업을 잇고 아래로 요, 순의 시대를 열어 華夏민족의 기초를 굳건히 하였으므로 위인의 대열에 나란히 섰다.

　제곡의 둘째 왕비는 간적(簡狄)이다. 온화한 성품에 아름답고 영특하였던 간적은 어린 나이에 각지로 순시 다니기를 좋아했던 제곡의 눈에 띄었다. 제곡의 거듭된 청혼을 받아들여 그의 두 번째 부인이 되었다.

　제곡의 총애를 받던 간적은 수년이 지나도 아이가 없었는데 어느 날 아이를 얻고자 지성을 드리러 가는 길에 동생과 함께 연못에서 목욕을 하게 되었다. 그때 갑자기 제비 한 쌍이 날아와 연못가 바위 위에 오색 빛의 알을 낳았다. 간적은 호기심에 알을 집어 우선 입에 물고 둘 곳을 살피다가 그만 삼켜버리고 말았다. 한줄기 뜨거운 기류가 목에서 배로 흐르더니 며칠 후 태기를 느끼게 되었다. 마침내 간적은 준수한 아들을 잉태하였는데 그가 바로 상족의 시조 설(契)이다.[59]

契, 상나라 시조가 되다

　상족의 조상은 황제와 염제로 대표되는 華夏족과 쌍벽을 이루던 東夷족이다. 동이족의 여러 부족들은 모두 새들을 토템으로 하였는데 그 중 상족은 제비를 토템으로 삼고 있다. 새를 토템으로 하는 근원을 고찰 해 보면 고대에 '어머니는 알

燕

59) 사마천, 『사기·은본기』 대민광문서국 1962.

아도 아버지를 모르던(知其母, 不知其父)' 모계 씨족사회의 상황을 반영한 것으로 간적이 알을 삼키고 아이를 낳았다는 신화로 표현해 낸 것이다.

제곡은 뛰어난 치세로 태평하게 나라를 다스렸고 특히 음악을 좋아했다. 대신들에게 명해 악곡을 짓게 하는 한편 북(鼓), 종(鐘), 편경(磬), 피리(笛), 훈(塤, 질나발) 등 아름다운 음을 내는 악기를 만들게 하였다. 그는 악기를 만든 다음 악사들에게 이들 악기로 아름다운 악곡을 연주하게 하였는데 선율이 어찌나 맑고 고운지 봉황도 그 음악을 듣고 덩실덩실 춤을 추었다고 전한다.

상족의 기원

중국 최초의 역사책은 한대에 사마천이 쓴 『史記』이다. 殷本紀에 '간적이 제비가 낳은 알을 삼키고 잉태 해 상족의 시조 契(설)을 낳았다'고 했고, 중국 최초의 시가집인 『詩經 · 商頌』에는 상나라 후손들이 조상을 제사하며 부르던 '玄鳥'라는 노래가 담겨있다.

'하늘은 제비에게 분부하여 (天命玄鳥)

세상에 내려가 상의 원조 설을 낳게하사 (降而生商)

망망하게 드넓은 은 땅에 살게 하셨네 (宅殷土芒芒)'

周人들이 商土를 殷土라고 한 것은 승전국인 주나라가 적국의 원 이름인 商을 쓰지 않고 패망 당시의 도읍명을 쓰는 관례 때문이었다. 믿을 만한 이들 문헌의 기록을 볼 때 간적은 '殷契說話'의 주인공이고 帝嚳은

(도 38) 玄鳥生商圖

바로 그의 남편이다.[60]

갑골문은 상나라 사람들이 직접 기록한 상대의 실록이다. 갑골문에 의한 상왕조의 조상世系를 보면 건국이전에는 先公遠祖이라고 부르는 까마득히 먼 8분의 조상이 있고 先公近祖라고 부르는 비교적 가까운 조상 6분 등 모두 14분의 조상이 있다. 그 중 첫째 조상이 帝嚳이고 둘째는 바로 상족(商族)을 이룩한 그의 아들 契(설)이다.

契의 손 成湯, 상나라를 세우다.

시조 契의 14대 손인 成湯은 하의 마지막 왕 桀을 멸망시키고 박(亳)을 도읍으로 商나라를 건국하였다. 상나라는 成湯에서부터 마지막 紂王에 이르기 까지 17世 30王이 554년간 다스렸다. 상나라는 전·후기로 나뉜다. 19대왕 반경은 나라의 안정을 위해 산동의 엄(俺)에서 하남성 안양 소둔촌인 殷으로 천도를 단행하였는데 이때부터 상대는 후기로 접어든다. 상나라는 전후 13차례 천도를 하였으니 상나라의 국운은 순탄하지는 않았다. 그러나 22대왕 武丁이 모든 역경을 극복하고 굳게 초석

---

60) 潛明玆『중국고대신화와전설』 중국국제광파출판사, 2010

을 다진 殷墟시기 2백여 년은 상대를 최고의 전성기로 이끌었다.

제곡의 아내들

제곡은 인간화 되면서 五帝의 반열에 올랐다. 그에게는 네 명의 아내가 있었는데 첫째부인 姜嫄은 姜族의 여인으로 周의 시조 后稷을 낳았고, 둘째부인 簡狄은 상의 시조 契(설)을 낳았다. 셋째부인 慶都는 帝堯를 낳았으며 또 다른 아내 羲和는 열 개의 태양을 낳았다고 전해지고 있다. 제곡의 아들 중 契(설)과 后稷은 훌륭하게 자라 각각 商나라 周나라의 시조가 되었고 요임금이라고 불리는 帝堯는 인간세상을 태평성세로 이끈 어진 왕이었다. 제곡의 첫째 부인이 周의 시조인 후직을 낳았고, 둘째 부인이 周보다 수백 년 앞선 商의 시조를 낳았다는 설정이다. 이점에 대해서, 이들 기록에 큰 영향을 끼친 周人들이 자신들의 격을 높이기 위한 설정이었다는 주장도 나오고 있다.[61]

姜

龍鳳文化

용봉문화의 골간을 이룬 龍과 鳳은 중국전통문화의 양대 축이다. 새와 뱀이라는 각기 다른 근원에서 출발하였으나 민간의 생활을 포용하며

---

61) 龔書鐸 劉德麟,『圖說傳說時代 夏商周』대만 봉황출판사, 2006

龍

용은 뱀의 토템에서 출발했으나 각종 동물의 형상이 추가되어 상상속의 신비스러운 동물로 변하였다. 특히, 'long'이라는 이름에는 사람들이 가장 경외하고 세상을 울리는 뇌성소리를 담고 있다.

鳳

봉황새의 모양을 그렸다. 새를 토템으로 하는 데서 출발하였으나 머리에 벼슬이 솟았고 날개를 활짝 펴고 날개짓하고 있는 신비한 봉황새로 발전하였다. 점차 상형자가 형성자로 변하는 과정에서 凡자를 곁에 붙였다가 전체를 감싸 鳳자를 이루었다. 농경사회에서 '바람'은 절대적이었다. 바람은 볼 수도 없고 그릴 수도 없어 음이 비슷한 鳳자를 빌려 바람으로 쓰다가 점차 風자를 만들어 전용했다.

중화문화의 精神을 구축했다. 龍은 하늘·부권·위엄·지존 등을 나타내고, 鳳은 땅·어머니·행복·평화 등을 상징하여 龍鳳의 정신은 공간적으로는 하늘과 땅, 철학적으로는 음양을 대변한다.

또한 龍은 강건·진취·불굴의 정신을, 鳳은 자애·후덕·지혜로움을 표현 하는 등 서로 다른 성질을 나타내지만 상부상조 하고 상호 보완한 가운데 중화문화의 중심에 우뚝 섰다. 帝王들은 국가 안위와 존귀의 영속을, 백성들은 가문의 번영을 바라고 농민들은 풍성한 수확을 기원하는 이상을 龍과 鳳에 의탁 하고 있다. 이 두 상징물은 장구한 역사 속에 영구히 존속되고 있다.

鳳鳥紋

東夷文化

東夷는 여러갈래의 동이족이 속한 동방문화를 총칭한다. 지금부터 4,700년 전 치우를 거두로 섬기며 존재했고, 일찍이 다른 종족에 비해 문화가 발달하여 문자를 정리했다는 창힐도 동이족의 일원으로 전해진다. 동이문화는 산동반도와 안휘성을 중심으로 서남쪽으로 진출해 중원을 거쳐 양자강 하류가지 이어 졌다. 동이족에 속한 상왕조는 동방에서 근원되어 새를 토템으로 하는 민족이다. 동이문화의 핵심은 仁義를 중시하여 儒家學說의 중심을 이루었다고 주장하고 있다. 고고학 발굴의 근거하면 산동을 중심으로 하는 거대지역이 대문구문화에 해당한다. 황제를 거두로 한 華夏민족이 세운 夏나라를 멸망시키고 상 왕조를 건국했던 東夷族은 周에 망했지만 상대 유민이 새운 宋나라의 후예인 공자가 仁義精神을 계승하여 발전시켰다.[62]

---

62) 孫鵬 : 중국창힐문화학회회장의 기술

華夏文化

華夏는 중국을 칭하는 말이다. 하 왕조는 건국 이래 자신들 스스로를 夏, 大夏, 華夏라고 칭했다. 이들의 주요생활 터전은 中原이라고 부르는 황하 중하류 지역에 속한 汾水유역으로 요, 순, 우 부락연맹의 활동무대였다. 고고발굴을 근거하면 陝西省을 중심으로 하는 앙소문화가 이들의 근거지였다.
華는 활짝 핀 꽃나무를 그렸다. 꽃을 숭상하던 토템의 상징이다. 갑골문에 花 자는 없고 華가 있는데 현재에는 꽃보다 '중국'을 상징하며, 점차 花를 만들어 꽃을 전용했다.

夏는 얼굴에 분장을 하고 앞다리를 흔들면서 춤을 추는 제사장의 모습이다. 국가의 대행사나 기우제에 제사장이 추는 성대한 춤이 장관을 이루어 '크다'는 뜻으로 인식되었다. 점차 여름으로 쓰였다.

東

東은 자루의 위아래를 묶은 모양이다. '동쪽'을 그릴 수 없었는데 자루(橐)의 음이 동쪽의 고대음과 비슷해 자루의 모양을 동쪽으로 썼다. 자루의 형태는 두가지다. 위만 트인 자루는 囊(주머니 낭), 위 아래를 묶은 자루는 橐(자루 탁)이다.

夷

夷는 무릎을 구부리고 일하는 동방민족의 특성을 표현한 모양, 또 글자를 사용하는 자들의 생각들이 추가되어 大와 弓의 합체자로 보았다. 나아가 활을 쏘며 사냥하는 동방의 동이족 습관을 반영해 矢과 弓을 합친 자로 보며, 그 후예들인 한국 양궁선수들의 실력이 이를 증명한다는 설도 있다.[63]

---

63) 진태하, 『한글+漢字문화』 2015. 10

03

여신 중의 여신
西王母 이야기

　　서왕모의 이야기는 2천여년 전 전국 말에서 한나라 초기에 쓰였다고 하는 『산해경』에 처음 등장하였다. 『산해경』에는 고대의 산천, 각지의 산물, 제사, 전래고사를 비롯해 신화들이 풍성하게 기록되어 있다. 신화속의 귀신들의 이야기는 황당하기 그지없어 『산해경』을 허무맹랑한 이야기의 모음집으로 보기도 하였다. 그러나 『산해경』중 四方神의 이름이 3천 년 전 상나라 갑골문에 기록된 四方神의 이름과 일치하여 『산해경』은 근거 있는 기록임을 인정하게 되었다.

서왕모의 형상

서왕모는 곤륜산의 터주 대감격인 山神이다. 얼굴은 사람이지만 짐승 몸을 하고 입에는 예리한 호랑이 이빨이 솟아 있고, 엉덩이에는 표범꼬리가 뻗어나 있다. 산발한 긴 머리에 또아리튼 뱀 모자를 쓰고 어깨에 표범 가죽을 걸치고 다니며 괴성 지르기를 좋아하는 반인반수 형상의 신이다. 하늘에서 내려 온 天帝의 딸로서 하늘에서는 각종 신들을 관장하였고 인간 세상에 내려와서는 혼인과 생육, 질병과 재앙, 죽음을 주관하는 신으로 전해지고 있다.

(도 39)험상궂은 모습의 서왕모[64]

공포심을 자아내는 형상의 서왕모는 인간이 접근조차 쉽지 않은 곤륜산의 꼭대기에 거하며 크고 사나운 맹금류 靑鳥를 부려 식물과 일용품을 물어 오게 했다. 또 인근의 아름다운 연못 瑤池에서 한 번 먹기만 하여도 불로장생 한다는 특이한 복숭아인 반도(蟠桃)를 기르며 살았다.[65]

그녀가 기르는 복숭아는 작은 것은 3천년에 한번 익는데 사람이 이를 먹으면 몸이 강건하고 가벼워지며 신선이 되는 道를 얻는다. 일반 복숭아는 6천년에 한번 익는데 사람이 먹으면 하늘로 올라가 불로장생 할

64) 정재서 저 『중국신화의 세계』 돌베개. 2011
65) 袁珂, 정석원 역 『중국의 고대신화』 문예출판사, 2012

수 있으며 가장 좋은 복숭아는 9천년에 한번 익는데 사람이
먹으면 감히 해와 달의 수명과 견줄 수 있다고 전하고 있다.

불사약을 가진 서왕모

인간의 생육과 수명을 관장하는 신 서왕모는 곤륜
산에 있는 不死樹의 열매를 정제해 만든 불사약을 소
유하고 있었다. 요임금시대 여러 개의 해를 쏘아 내렸
던 예(羿)가 인간세상에서의 수명이 다해가자
불로장수를 바라며 서왕모에게서 불사약을 구
했다. 인간이 가장 바라는 일을 예가 해 낸 것이
다. 그러나 그는 서왕모의 당부를 지키지 못해
뜻을 이루지는 못했다.[66]

不
식물의 씨방 모양이다. 음에 의
해 아니다로 차용되었다.

서왕모가 누렸던 또 한 가지 일은 주 무왕
의 손자이자 주나라 제8대 穆王이 서왕모를
찾아왔던 일이다. 穆王은 50 무렵 재위하여
55년을 통치했던 고대의 장수대왕으로 기이
한 행적을 많이 남겼다. 그는 피리를 잘 불어

死
죽은자를 일컬은 死는 2가지 자형이 있다.
전자는 꿇어앉아 시신을 보는것으로 상관
의 죽음을 보는 모양이고, 후자는 서서 시
신을 보는 모양으로 상관이 아래 사람의 죽
음을 보는 모양이다. 갑골문에서 이미 문자
로 존비를 구분했다.

긴 장마에 피리를 불면 비가 그쳤고, 옥을 진흙 자르듯 벨 수 있는 玉刀
와 夜光杯 등도 소지한 전설적인 제왕이었다. 그러나 그의 가장 기이한
행각은 서왕모와의 만남이었다. 그는 제위한지 18년 되는 해 큰 마차를

66) 吳爱眞 주편, 『中國的風俗習慣』 대만정중서관, 1977

타고 천하를 순시하며 서쪽 곤륜산을 지날 때 많은 옥기와 귀중품을 가지고 서왕모를 배방하였다. 다음날 서왕모는 瑤池에서를 연회를 베풀고 穆왕과 함께 시문을 읊고 노래하며 서로를 축원하였다.[67]

서왕모 이야기의 발전

서왕모가 실존 인물인 穆王과 요지에서 연회를 베푼 이야기가 『목천자전』이라는 비중 있는 문헌에 기록되어 널리 읽힌 영향이었는지, 흉측한 모습의 서왕모는 한나라 말에 이르러 인격신으로 변하였다. 晉나라 이후에는 도교의 영향으로 女仙들의 수령으로 추앙되었고, 당나라 때 서왕모 이야기는 더욱 구체화 되었다.

당나라 때 한 선비가 대보름날 밤 달구경을 하다가 신선에게 인도되어 서왕모가 목왕, 한무제 등과 마주 앉아 한참 연회를 베푸는 장면을 보게 되었다. 그 날 옛 조상 황제도 초청하였으나 황제는 하늘의 월궁연회가 바빠 참가하지 못하였다는 것이다. 그곳은 인간세상의 시간개념과 달라 수 천 년 전의 인물들과 함께 자유로이 연회를 즐길 수 있었던 것이다. '천상의 하루는 인간세상의 수 천 년이다' 는 신선세계의 왕래를 보여주는 연회였다.

이에 편승해 서왕모의 형상은 좀 더 온화해지며 역사와 문학과도 밀접해졌다. 문학작품에서는 王母, 瑤池金母, 또는 王母娘娘으로 불린다.

---

67) 潛明茲, 『中國古代神話輿傳說』, 중국국제광파출판사, 2010

青海民俗舞蹈 – 跳於菟 활동전경

서왕모는 때로는 30여세의 절세미인으로 묘사되어 그가 가꾼 蟠桃 복숭아가 3천년 만에 익으면 여러 신을 초청하여 큰 연회를 베풀고 자신을 축하였다. 때로는 비록 늙었으나 인간에게 도움을 주는 온화하고 자상한 여신으로 변했다.

　인간세상에서 서왕모는, 우리의 민속에서 출산할 때 '삼신할미'가 거론 되는 것처럼, 옥황상제보다 일찍 출현하여 인간과 소통하였다.

　현대에도 서왕모는 王母娘娘으로 불리며 민간에서 상당히 높은 지위를 얻었고 전국에서 보편적으로 추앙받았다. 북경의 蟠桃宮에서는 王母娘娘을 제사하고 음력 3월 3일에는 蟠桃會를 개최하여 王母娘娘을 기린다.

서왕모 자취를 찾아서

다른 어떤 신과 달리 서왕모는 시대에 따라 변하며 중국인들의 생활과 함께 이어왔다. 현대에 들어 서역 靑海 지역의 문화가 속속 밝혀지면서 여신 서왕모가 역사인물이었을 가능성을 찾는 연구가 이어졌다.

『산해경』 중의 서왕모 형상은 청해성 장족자치구에서 호랑이와 표범숭배 정신을 담아 줄곧 지켜오며 벌리는 '跳於菟(도여토)' 의식에 나타난 그 형상이라는 것이다.

청해성 회족자치구에서 출토된 舞蹈彩陶盆은 5천년의 역사를 자랑하는 유물이다. 도분(陶盆)에 그려진 5명의 무녀소녀들은 허리춤에 표범꼬리를 차고 있다. 토템 숭배는 원시사회의 일반적인 사회표지로 당시 사람들로서는 이러한 문화현상에 깊이 젖었다. 현대 들어 서왕모의 실재 존재설이 끊이지 않고 있는 이유이다.

於挑의 옛 의미는 호랑이와 표범이다. '跳於兎'는 음력11월 20일 청년들이 온몸에 호랑이와 표범 문신을 하고 마을로 들어와 민가에 숨어있는 잡귀를 쫓아내고 다음 해의 평안과 풍년을 바라는 오랜 전통의 종교의식이다. 동시에 원시종교와 고대인의 경험이 배어있는 장족자치구의 민속활동인것이다.

민속연구가 李曉偉는 문헌 중 산발한 머리에 호랑이 가면을 쓰고 표범 가죽을 걸치며 노래하기 좋아한 서왕모의 묘사는

(도 40) 舞蹈彩陶盆 『중국미술전집, 도자』 20

'위용을 드러내기 위해 호피를 두르고 표범의 꼬리를 늘어뜨렸던 부족 수장의 모습'이라는 것이다.

　청해성 장족자치구의 羌戎虎氏族부락 수장이었고 부락연맹의 女 수령이었던 서왕모는 역사인물에서 신으로 추앙되었다고 전한다. 그들의 삶의 흔적은 역사의 흐름 속에 오늘에까지 고스란히 이어 온 것이라고 추정하고 있다.[68]

무도채도분

68) 完顔紹元编『中國風俗之迷』상해사서출판사, 2002

제4부

성인의
시대가
도래하다

01

태평성세를 누린
요(堯)임금 이야기

지금부터 4100년 전 황하중류에는 수많은 씨족, 부락들이 연합하여 거대한 부락연맹을 결성하였다. 이들의 주요 활동무대는 지금의 山西, 河南, 陝西 등 중원 지방으로 후세에 華夏지구라고 칭하는 곳이다. 자연스럽게 이들 연맹은 '華夏부락연맹'이라고 불리었다. 이 연맹의 수령은 陶唐부락의 추장인 堯가 맡았다.

요임금이라고 부르는 帝堯가 다스리던 이 시기는 순임금의 시대와 함께 태평성세였다고 전해져 내려와 우리 생활에서 서로 양보하는 아름다운 광경을 보면 '요순시대로다' 하고 비유한다. 이는 요임금의 덕치가 만고에 칭송되어 전해지기 때문이다. 그는 과연 어떤 임금이었는지 살펴보자.

요임금의 인품

品 품은 ㅁ를 셋 합친 모양으로 사람이 많다는 뜻이다. 사람이 많으면 가진 물품도 많고 물품에는 좋고 나쁜 것도 있어서 점차 성품, 품격, 나아가 인품으로 인신되었다.

요임금은 어려서 퍽이나 어렵게 자랐다. 허름한 초가집에 가구도 변변치 않았고 잡곡밥에 나물국을 질그릇에 담아 먹었으며, 거친 삼배 옷을 입었고 추운 겨울에는 동물 가죽을 걸친 정도였다. 임금이 된 후에도 요임금은 백성을 깊이 사랑하여 백성이 배불리 먹지 못하면 "내가 그들을 배고프게 만들었다"고 했고, 만약 백성이 헐벗으면 "내가 그들을 춥게 했어"라고 탄식하였다. 범죄를 저지른 백성을 보면 "내가 방비를 못해 그들이 죄악에 빠지게 되었다"고 자책 하였다. 백성을 사랑하는 그의 인품은 많은 부락들을 단결시켜 거대한 부락연맹으로 결합시킬 수 있는 역량이었던 것이다.

고대 전설에서 요임금의 인격은 더없이 높았다. 그는 사실 정치를 잘 하려고 크게 노력은 하지 않았고 나라의 큰일은 모두 대신들에게 맡겼다. 요임금의 인품이 알려지자 능력있는 인재들이 구름처럼 몰려들었기 때문이었다.

훌륭한 신하들

요임금의 인격이 높은것은 사실이지만 꼭 그만이 훌륭한 것은 아니었다. 그를 도와 탁월하게 나라 일을 한 설, 후직, 수, 기, 도고, 곤 등 대신들이 많았다. 요임금 시대의 특징은 각 분야에 전문 인력을 배치해 전담하게 한 것이었다. 부락연맹의 중요 업무는 농업생산과 대외전쟁이었다. 농업에는 농사를 망치지 않게 하기 위하여 고대의 巫師 후예에게 천문역법을 관장하게 하였다. 대신 설(契)은 군사를 지휘했고 후직(后稷)은 농사를 담당했으며 수(垂)는 건설을 책임지었다. 악정 기(夔)는 음악을 관장했고 강직한 고도(皐陶)는 판결을 맡았다. 황제족의 후예인 곤(鯤)을 청해 치수를 담당하게 하였다. 요임금의 통치 후기에 접어들어서는 현자인 舜이 나타나 요임금을 보좌하였다.[69]

괴수 토템 부락의 수령인 樂正 기(夔)는 외다리였다. 그는 음악에 천부적인 재능이 있어 산천과 계곡에서 들려오는 소리를 듣고 「大章」이라는 악곡을 지었다. 이 곡의 가락은 온화하여 백성들이 듣기만 해도 마음이 순화되고 지나가는 새나 사나운 짐승도 감화를 받아 온 천하가 화평하여졌다.

요임금은 왜 요(堯)라는 이름을 얻게 되었을까? 堯는 꿇어앉은 사람 머리 위에 두개의 언덕이 솟은 모양이다. 요임금은 황토고원 지대에서 태어나 堯라는 이름을 얻었다. 두개의 언덕이 점차 3개의 土로 바뀌어 堯가 되었다.

여러 신하 중 특히 걸출한 사람은 판결을 담당한 고도(皐陶)였다. 그의 입은 새부리 같고 푸른빛을 띤 얼굴은

堯

---

69) 羅琨, 『原始社會』, 中國靑年出版社, 1996

豸 (발 없는 벌레치)

냉철하기 그지없어 한 점 사심 없어 보였다. 고도는 판결할 때 원고와 피고 양자를 단상에 오르게 하고 정의를 분별 할 수 있는 신성한 동물인 '해치(獬豸)'에게 맞서게 하였다. 해치는 시비를 가리는 능력이 있어 두 사람 중 잘못이 있는 쪽을 뿔로 받아 버리는 동물이었다. 해치의 도움으로 누구에게 잘못이 있는지 정확하게 꼬집어냈으니 그의 판결의 언제나 공평하다고 정평이 나 있었다.

해치는 후세 법관들이 특히 흠모하는 동물이다. 법관들이 쓰는 모자가 「해치관」이라는 특별한 명칭을 얻은 것도 이 때문이다.[70]

열 개의 태양이 함께 떠오르다

요임금은 덕망이 높았고 그의 신하들은 능력이 출중해 나라를 태평성세로 이끌었다. 하지만 아무런 재앙이 없이 백성들은 평안하게 지냈던 것은 아니었다. 전설 중 요임금 시대에는 끊임없이 재앙이 찾아왔다.

요임금시대에 우선 꼽을 수 있는 대 재앙은 열 개의 태양이 동시에 떠오른 일이었다. 전설 중 태양은 帝嚳의 비인 羲和가 낳은 아들이라고 전하고 있다. 10명의 아들들은 어머니가 이끄는 수레로 날마다 사이좋

---

70) 龔書鐸 劉德麟, 『傳說時代 夏商周』 대만 봉황출판사, 2006

게 하늘에 뜨고 지며 수천 수백 년 동안 아무 문제없이 세월을 보냈다.

어느 날 10명의 아들들은 일상이 너무 무료하여 내일 아침부터는 각자 마음대로 뜨자고 논의했다. 이튿 날 새벽 그들은 어머니의 수레를 버리고 한꺼번에 떠올라 드넓은 하늘은 누볐다. 열 개의 태양이 함께 하늘에서 이글거리며 도무지 질 생각을 하지 않는 것이었다. 강이나 개천 물은 이미 말라 버리고 나무 잎들은 시들었으며 돌이나 쇠망치까지도 다 녹아내렸다.

사상 최대의 무서운 가뭄이 몰아 친 것이다. 더욱 무서운 것은 각지의 요괴 귀신들이 모두 소굴에서 빠져나와 닥치는 대로 사람들을 해쳤다. 요임금은 많은 巫師를 급히 하늘로 보내 열 개의 태양이 서산으로 지게 해달라고 도움을 청했으나 아무 소용이 없었다. 요임금은 친히 뜨거운 태양 아래 꿇어 엎드려 기원했으나 이번 재앙은 도무지 그칠 기미가 없었다. 열 개의 태양은 결국 명사수 예(羿)가 나타나 해결해 주었다.[71]

대홍수의 범람

요임금시대에 일어난 두 번째의 무서운 재앙은 대홍수였다. 女媧가 하늘의 구멍을 막은 후에 사람들은 안심하고 지낼 수 있었는데 또 다시 하늘에 구멍이라고 난 듯이 홍수가 밀려왔다. 이번에는 누가 이 넘치는 홍수를 막아주었을까?

---

71) 潛明玆『중국고대신화와전설』, 중국국제광파출판사, 2010

수해의 형상화
昔
고대인들은 홍수를 𝌆, 𝌆로 표현했다. 넘실거리는 파도가 해를 삼키는 모양의 昔자이다. 昔은 점차 지난일로 쓰여 '今昔之感'처럼 '옛 昔'이 되었다.

　　요임금은 전혀 예상 못하고 경험해보지 못한 대홍수를 만났다. 몇 해를 두고 이어진 홍수로 온 나라의 크고 작은 물줄기가 범람해 평지는 물론 높은 산등성이도 모두 잠겨 버렸다. 그러나 이번의 대홍수는 지혜가 뛰어난 곤(鯀)이 다스려 주었다. 곤은 황제족의 후예로 요 임금시 夏부락의 추장으로 '姒' 성을 받았다. 우리가 우임금이라고 부르는 大禹의 아버지였다. 강직한 그는 흙을 쌓아 축대를 만들고 물길을 잡아 홍수를 다스렸다. 완벽하지는 않았지만 홍수가 멈추고 사람들은 다시 평화를 되찾아 안정된 생활을 하게 되었다. 그러는 사이 요임금은 쇠약 할대로 쇠약하여 왕위를 이어갈 적당한 사람을 찾아 거의 98년간 나라를 다스렸던 자리를 물려주고 싶었다.

허유와 소부

　　요임금은 백성을 위해 노심초사 하던 중 양성이라는 곳에 허유(許由)라는 사람이 살고 있다는 말을 들었다. 그의 현명함에 대한 소문은 일찍이 들은 바 있어 친히 그를 찾아가 그에게 천하를 물려주고 싶다는 말을 전했다. 청렴한 그는 일언지하에 거절하고, 밤새 箕山아래 맑은 물이 흐르는 영수 근처로 도망가 그곳에서 살았다. 요임금은 다시 사자를 보내 이번에는 九州의 수장이라도 맡아 달라고 간청했다. 그 말을 들은 허유는 물가로 달려가 귀가 더럽혀졌다면서 자신의 귀를 씻었다.

때마침 그곳을 지나던 소부(巢父)라는 친구가 물을 먹이려고 소를 끌고 가다가 허유가 귀를 씻는 광경을 보고 의아해서 그 연유를 물었다. 허유의 대답을 들은 소부는 한마디 했다.

"노형, 그만두게나. 그대가 처신을 잘했다면 누가 괴롭히겠나. 숨어 산다고 소문을 내 명예를 좇았으니 이 꼴로 귀를 씻지. 귀 씻은 물을 내 소에게 먹일 수 없네."

소부는 강물을 거슬러 올라가 소에게 물을 먹였다.

태평성세였던 요임금시대를 가장 잘 표현해주는 '허유와 소부'의 이야기는 그 시대를 소망하는 많은 후세인들에게 회자되는 아름다운 스토리이다.[72]

순에게 왕위를 계승시켰다

요임금은 자신의 아들 丹朱에게 자리를 물려주고 싶었다. 그러나 丹朱는 방탕한 생활을 일삼아 왕위를 이을 재목이 아니었다. 요임금은 뽕나무로 바둑판을 만들고 흰 상아와 검은 코뿔소 뿔로 바둑돌을 만들어

---

72) 袁珂 저, 정석원 역.『중국고대신화』. 문예출판사. 2012

함께 바둑을 두면서 교화시켜 보았지만 丹朱는 며칠을 넘기지 못하고 싫증을 냈다. 그는 여전히 못된 친구들과 어울려 비행을 저지르자 요임금은 크게 실망하고 단주를 추방시켰다. 단주는 반성의 기색이 없이 오히려 이웃 부락민을 선동해 아버지에게 반기를 들었다.

朱 丹

　　요임금은 하는 수 없이 정벌에 나서 아들을 참수하고 자신의 보좌관이며 사위였던 舜에게 자리를 물려주었다. 요임금은 그 후 깊은 산에 들어가 여생을 보냈는데 그의 최후를 아는 자는 아무도 없었다고 한다.[73]

고대인들을 괴롭힌 가뭄과 홍수

　　세계 각국의 신화전설에는 예외 없이 가뭄과 대홍수를 극복한 이야기가 있다. 성경의 창세기에는 하나님이 노아에게 큰 배를 만들게 하여 자녀와 각종 동식물을 배에 태우고 죄에 빠진 많은 사람들을 쓸어버린 '노아방주' 이야기가 있다. 아마도 거의 비슷한 시기에 중국에서도 대홍수를 겪었던 것일까? 현대를 사는 우리도 매년 저항할 수 없이 닥치는 가뭄과 홍수를 경험한다. 변변한 대응책이 없고 치수가 제대로 이루어지지 않았을 고대에 많은 사람들이 겪었던 고통을 고스란히 신화속에 담아 전해지고 있는것이다.

---

73) 羅琨. 張永山.『원시사화』중국청년출판사. 1995

대문구문화 (大汶口文化) – 상형문자의 발견

이 무렵 전성기를 이룬 대문구문화는 앙소문화의 뒤를 이어 발전했다. 1959년 산동성 태안현의 대문구에서 처음 발견되어 '대문구문화'라고 칭하였다. 앙소문화를 이어 약 6천여 년 전부터 거의 2천여 년 간 지속하며 아름다운 문화를 꽃피웠다. 이곳 도기에는 상형문자의 효시가 되는 圖像(도상)문자인 旦과 斤의 형상이 그려져 있어 상형문자의 확실한 근거를 제공하였다. 이 시기 특히 손 기술이 발달해 대리석처럼 돌을 갈아 만든 마제석기를 사용하였고 기물을 규격화 하여 알맞은 용도로 사용하였다. 빼어난 옥공예, 방직기술, 악기제작, 뗏목과 노가 제작되는 등 전반적인 사회발달을 엿볼 수 있다. 특히 상아 빗은 이 시기 문화의 정수이다. 가뭄과 수해를 반영한 문자를 보자.

대문구 출토 陶器 중의 圖像문자 탁본[74]

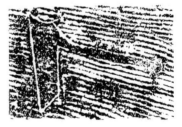

---

74) 李孝定,『漢字的起源與演變論叢』 대만영경출판사업공사. 1986

(도 41) 樹符陶尊(左) 刻符陶尊(右)

尊

원시 종교의 형성

선사시대 종교는 하늘과 땅, 사람과 신을 엄격히 구별이었는데 '巫師'는 이들 사이의 매개자였다. 이들이 살았던 동굴의 지면은 거주 공간과 매장지를 구분해 산자와 죽은 자의 세계를 명확하게 하였다. 매장지는 수장품과 함께 붉은 색 가루를 뿌렸다. 붉은 가루는 모든 것을 보호하는 좋은 색으로 간주하였다.

고대 신화에는 반고가 하늘과 땅을 열었던 것처럼 천지가 없는 혼돈의 세계에서 하늘과 땅으로 구분하고 이들을 주관하는 양대 神을 등장시켰다. 이들은 다시 하늘을 뜻하는 陽과, 땅을 뜻하는 陰, 즉 陰陽으로 표현 하였다. 인간은 어떻게 하늘과 소통하였을까? 신화에서는 崑崙山과 建木이 대표적인 교량역을 했다고 하였는데 놀랍게도 산동의 대문구 문화유적지에서 발견된 큰 술통인 大陶尊에는 바로 그 상징물이 그려졌다. 한 점에는 태양이 산위로 뜨는 旦자이고, 한 점은 제왕이 타고 천지를 왕래한 커다란 나무형상의 建

木이다. 중국상고시대는 세계를 천상, 지하, 인간 등 세 구간, 즉 三界로 나누고 巫師는 그사이를 왕래하였다. 이는 바로 무속신앙의 종교관이며 三界세계관이라고 할 수 있다.[75]

가뭄의 형상화

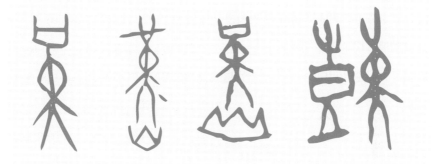

炗 堇 艱

가뭄에 무녀를 불태워 제사하는 모양이다. 가뭄에는 사람을 불태워 기우제를 지냈는데, 특히 巫女를 불태워 인간세상의 고통을 상제에게 알리게 하였으리라.

불에 태우는 일은 재앙에 속하는 어려운 일이어서 艱에도 쓰였다.

---

75) 朱鳳翰. 『文物中國史. 史前時代』 중국국가박물관편. 중화서국. 2004

02

아홉 개의 해를 쏘아 내린 예(羿) 이야기

요임금 시대는 태평성세로 대변된다. 그러나 적지 않은 재앙도 뒤따랐다. 하늘에 열 개의 해가 한꺼번에 떠올라 온 천지를 말리고 사람들을 힘들게 한 사건이 일어났다. 하늘에서 이 광경을 지켜본 上帝는 보고만 있을 수 없어 활을 잘 쏘는 천신 예(羿)를 급히 지상으로 보냈다. 후예(后羿)라고도 하는 그는 어떻게 이 재앙을 멈추게 하였을까?

예가 해를 쏘아 내렸다

상제는 천신 예를 지상으로 급파했다. 팔이 유난히 길어 시위를 잘 당겼던 그는 활쏘기의 귀재로 명사수였다. 상제의 명을 받은 羿는 상제가 내려준 단궁(丹弓)이라는 붉은 색 활과 흰 화살다발을 한아름 안고 아

(도 42) 日中三足烏

삼족오 : 3개의 발을 가진 새다. 태양속에 살며
태양의 정기를 발하는 새로, 고대인들은 불의 신
인 화신(火神)이라고 믿고있다.

后羿射日圖

내 嫦娥와 함께 지상으로 내려왔다. 천국의 사자가 인간세상으로 내려왔다는 소문이 삽시간에 온 세상에 퍼져 그는 열렬한 환영을 받았다. 열 개의 태양은 동방의 신 제곡(帝嚳)의 아내 희화(羲和)가 낳은 아들들이었다. 이들은 희화가 만든 수레를 타고 규정된 순서에 따라 차례로 하늘에 떠올랐다가 내려왔다.

수없이 많은 세월속에 싫증이 난 이들은 어머니가 정한 규율을 어기고 한꺼번에 떠올라 하늘을 누볐다. 지상의 모든 생물들은 메마르고 백성들은 기아에 허덕였던 것이다. 그 참상을 본 羿는 해들에게 이제 그만 난동을 그치라고 권고했으나 말을 듣지 않았다. 그는 하는 수 없이 활을 당겨 해를 향해 쉭! 하고 화살을 날렸다. 하늘에서 쿵하고 불덩이가 떨어져 사람들이 달려가 보니 화살에 꽂힌 채 죽은것은 황금색 태양신 삼족오였다. 요임금은 깜짝 놀랐다. 태양이 모두 사라진다면 세상은 다시금 추위에 떨 것이 아닌가? 요임금은 사자를 보내 화살 한 개를 뽑아오게 하였다.

羿의 화살을 맞은 해들은 품고 있던 금까마귀 삼족오를 차례로 날려 버리자 지상의 날씨는 곧바로 시원해졌다. 혼자 남은 행운의 태양은 더 이상 문제를 일으키지 않고 예전처럼 얌전하게 뜨고 지게 되었다.[76]

弓
활 모양이다.

矢
화살 모양이다.

다양한 화살의 모양

예는 괴물들도 물리쳤다

羿는 다만 아홉 개의 태양을 쏘아 내린 것에 그치지 않았다. 재앙을 틈타 여러 곳에서 출몰하여 사람들을 괴롭히던 요괴들까지도 활을 쏘아 전멸시켰다. 그가 처음 죽인 괴물은 계유(猰貐)다. 계유는 아이 울음소리를 내면서 사람 잡아먹기를 좋아했다. 얼굴은 사람형상이지만 소의 몸을 하고 말의 다리를 하고있었다. 羿는 마을을 돌아다니며 사람을 괴롭히는 계유를 명중시켜 쓰러뜨려 버렸다.

두 번째 처리한 괴물은 착치(鑿齒)였다. 사람이면서 동물 같기도 한 착치의 특징은 송곳 같이 길게 뻗은 이빨이었다. 이를 무기로 사람을 닥치는 대로 해쳤다. 羿에게도 저항하였으나 상제의 하사품인 날 센 羿의 화살에 당하지 못하였다.

---

76) 朱鳳翰.『文物中國史. 史前時代』중국국가박물관편. 중화서국. 2004

羿는 돌아오는길에 큰 못에 사는 흉측한 새 大風이 사람들을 괴롭히는것을 보았다. 大風은 날개가 커 큰바람을 내는 공작으로 사람과 짐승들을 해치기까지 하였다. 大風이 일으킨 바람은 집도 무너뜨릴 수 있게 강하였다. 예가 활을 쏘면 활을 맞은 채 날아가 종적을 감추어버렸다 예는 하는 수 없이 화살 끝에 주살(弋,익)이라는 가는 줄을 달아 쏘고는 줄을 잡아 당겨 大風을 제거하였다.

예는 남방의 큰 호수 洞庭湖로 향했다. 그곳에는 새까만 몸에 파랑색 뇌를 가진 巴蛇라는 뱀이 살면서 사람을 괴롭혔다. 巴蛇는 큰 코끼리도 한 입에 삼키고 한번 먹으면 3년동안이나 소화 하였다. 먹은 지 3년이 되어야 퇴 하고 뼈를 뱉어 내는 괴물중의 괴물이었다. 羿가 巴蛇를 쏘아 죽인 뒤 사람들이 巴蛇를 건져 올렸더니 큰 산처럼 솟았다. 巴蛇의 뼈는 심장병과 복통 특효약으로 전해지고 있다.

마지막으로 羿는 뽕나무 숲속에 사는 야생 멧돼지 봉희(封羲)를 제거하였다. 봉희는 긴 이빨에 소의 힘을 능가하는 맹수로 사람과 동물을 잡아먹어 사람들은 벌벌 떨었다. 그러나 羿의 화살에 대항하지 못하고 사로잡혔다.

羿는 사람들을 위해 이처럼 많은 일을 하였으나 비극을 면치 못하였다. 상제는 자신이 명을 내렸으나 단지 타일러 내려오게 하는 경고조치를 원했던 것이다. 그러나 자신이 아들처럼 사랑했던 태양을 아홉 개나 쏘아 버린 것에 분노했다. 羿가 봉희의 고기로 진심어린 제사를 올렸으나 끝내 용서하지 않아 그는 더 이상 하늘로 올라가지 못한 채 슬픈 종말을 맞았다.

예(羿)와 후예(后羿)

예(羿)는 천신으로 후예(后羿)라고도 칭한다. 그러나 『산해경』에 상제가 예(羿)에게 붉은 활과 흰 화살을 주며 인간세상의 재앙을 막게 하였다는 기록이 있고, 『사기』에는 하나라 窮國의 왕이 '후예'라는 기록이 있다. 이들은 각기 다른 두 인물인 것이다. 그러나 고대인들이 추앙하는 사람에게 '氏'를 붙였듯이, 皇이나 后도 붙였다. 그들은 해를 쏘아 재앙에서 구해준 '射日英雄' 예를 '后羿'라고 부르며 추앙하고 있는 것이다.[77]

射
화살을 활 위에 얹고 쏘는 모양이다. 점차 쏘는 손을 묘사해 又를 붙였는데 又가 寸으로 바뀌었다. 활 쏘기는 고대 남성들의 입신출세의 지름길이라 弓이 身으로 바뀌어 지금의 射자가 되었다.

---

77) 冀書鐸 劉德麟,『傳說時代 夏商周』대만 봉황출판사, 2006

03

달나라 선녀가 된 항아 이야기

항아(嫦娥)는 예(羿)의 아내였다. 남편인 예를 따라 지상으로 내려왔으나 상제의 진노로 예가 하늘로 오르지 못하자 항아도 그와 함께 지상에서 머물게 되었다.

예가 불사약을 구하다

羿는 해를 쏘아내린 일을 후회 하지 않았지만 인간 세상에서의 주어진 수명이 다 되 감에 따라 마음속에 근심이 일었다. 더욱이 아내 항아는 하늘에서의 생활을 그리워하며 하늘로 올라가지 못한 것을 못내 아쉬워 하였다.

예는 용맹이 뛰어난 영웅이었으나 결국은 속인의 면모를 드러내며 죽음을 두려워 했다. 어디엔가 장생불로 할 수 있는 영약이 있다는 말을 듣고 백방으로 찾다가 여신 西王母에게 그 약이 있다는 소식을 들었다.

서왕모는 곤륜산 위에 사는 자상하고 인자한 할머니로 반은 사람이고 반은 괴수 형상을 하고 있는 여신이었다. 머리에는 높은 새 벼슬이 나있고 표범 꼬리에 호랑이 이빨이 뻗어있는 특이한 형상을 하고 있었다.

곤륜산은 하늘에 닿을 듯이 높고 주위에는 활화산들로 둘러싸여 인간은 접근조차 할 수 없는 곳이었다. 그러나 어디든 못가는 데가 없는 영웅 羿는 마침내 서왕모를 만나 먹으면 영원히 죽지 않는 불사영약을 얻고야 말았다.[78]

항아, 홀로 불사약을 마시다

서왕모는 불사약 두 봉지를 예부부에게 주었다. 항아는 의아하게 생각하여 서왕모에게 물었다. "한 봉을 먹으면 불로장생하게 되는 데 왜 두 봉을 주시나요?" 서왕모는 웃으며 대답했다.

"이 약은 부부를 위한 것으로 두 사람이 같이 먹으면 불로장생 하지만 만약 한사람이 모두 먹으면 하늘로 올라가 신선이 되느니라."[79]

羿는 나중의 말을 주의 깊게 듣지 못하고 집으로 돌아오며 마음속으로 다짐했다. 언제가 좋은 날을 잡아 항아와 함께 이 불사영약을 먹고 영

---

78) 龔書鐸 劉德麟 主編, 『圖說 傳設時代』, 봉황출판사, 2006
79) 李貞類, 『神話』, 화동사범대학출판사, 2008

원히 살리라고.

그러나 항아는 날마다 불사약을 바라보며 생각에 잠겼다. 한편으로는 하늘 세계가 너무나 그리워 더 이상 기다리지 못하겠고 또 한편으로는 남편 예가 늙어가며 백성을 심하게 다루고 있어 그가 불사약을 먹고 오래 살면 백성들이 오랫동안 폭정에 시달릴 것이 안타까웠다. 어느날 항아는 남편이 없는 사이 혼자서 불사약을 모두 마시고 말았다. 얼마 후 항아의 몸은 점점 가벼워졌다. 더 이상 스스로 가눌 수 없이 가벼워지더니 스르르 하늘로 날아 올라갔다. 두둥실 하늘로 올라가는 사이 항아는 다시 생각에 잠겼다. 하늘 선녀님들이 남편을 배반하고 혼자 하늘로 왔다고 혼을 내면 어떻게 하나 마음가득 두려움이 밀려왔다. 그녀는 방향을 바꾸어 하늘로 가지 않고 달나라로 향했다. 달나라에는 토끼와 두꺼비가 살고 계수나무도 자라고 있지 않은가?

항아 奔月도(중국의 풍속습관)

奔(달릴 분)은 사람(人)
아래 발(足)을 세개 넣
어 분주하게 달려감을
나타냈다.

사람들은 휘영청 밝은 보름달 속에 아련히 비치는 그림자를 쳐다보면서 그것이 바로 하늘하늘 옷자락을 날리며 토끼와 방아 찍고 있는 항아의 날개옷이라고 여긴다.[80]

항아와 중추절

항아가 달나라로 간 '항아 奔月' 사건은 중추절과 연관이 깊다. 漢代에서야 기록된 '항아 奔月' 신화를 근거로 민간에서 달을 숭상하는 민속이 성행하였고, 宋代에 제작된 『唐書 太宗紀』에는 8월 15일을 仲秋節로 명시하고 歌舞를 곁 드린 성대한 민속 대행사로 거행하였다. 홀로 남아 쓸쓸하게 아내를 생각하는 예의 마음을 달래고, 비록 선경에 있으나 가족을 생각하며 애수에 젖어 있을 항아를 생각하며 음식을 차려 놓고 온가족이 모여 지내는 날인 것이다. 그 후 중추절은 하늘과 땅에서 함께 즐기는 성대한 절기로 발전 하였고, 역대 문인들도 다투어 달을 노래하였다.

이백은 '靜夜思'에서
　　　擧頭望明月, 머리 들어 휘영청 밝은 달을 쳐다보고,
　　　低頭思故鄕. 고개 숙여 고향 생각에 잠기네.

---

80) 吳爰眞 주편, 『중국의 풍속습관·중추상월』 대만정중서관, 1977

두보는 '月夜憶舍弟'에서

　　露從今夜白,　오늘 밤에 이슬은 유난히 희고

　　月是故鄕明 .　달은 고향의 달처럼 밝도다.

　　문인들이 읊어낸 만고의 걸작시를 읽으며 대 명절을 지내는 동안 사람들은 '남편을 버린 그의 허물'을 잊고, 또 때로는 남존여비의 관념에 사로 잡혀 '남편을 버린 자' 라 지탄도 하였다. 신화의 재해석은 시대정신을 가장 잘 반영한다. 20세기 들어서 '항아 奔月'은 丁玲의 『莎菲여사의 日記』중의 여주인공 莎菲처럼 정숙한 여인과 욕망에 찬 여성의 모습 사이에서 갈등하는 현대의 항아를 현신시키기도 하고 있다.

日
해의 모양이다. 가운데 반짝이는 빛도 그려 넣었다.

月
기우는 특성이 있는 초승달 모양이다.

星
별은 셀 수 없이 많아 3개를 그렸는데 별들이 반짝여 '수정晶'이 되었다. 별은 '生'자를 음으로 붙여 토자를 다시 만들게 되었다.

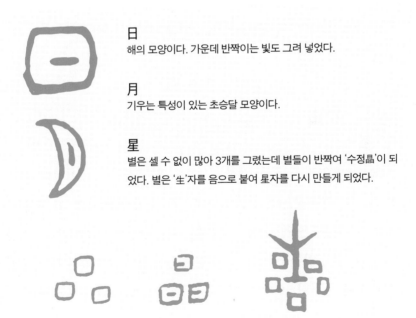

04

효성이 지극한
순(舜)임금 이야기

순임금은 요임금의 뒤를 이어 나라를 다스렸던 성군이다. 지고지순한 그의 효심
은 후대에 길이길이 회자되고 있다. 어떻게 효도를 하였는지 살펴보자.

순의 효심

순은 가세가 기운, 흔히 말하는 몰락한 양반가에서 태어났다. 아버지
는 맹인으로 고수(瞽叟)라고 불렸는데 어느날 밤 봉황이 쌀 한 톨을 입에
넣어주며 "내이름은 계(鷄)예요. 자식을 점지해주려고 왔어요"라고 말하
는 꿈을 꾸었다. 얼마후 아들 순을 얻었는데 특이하게 눈동자가 둘이어
서 重華이라 불렀다. 요임금 때 지지국이라는 나라에서 중명조(重明鳥)
라는 새 한마리를 보내왔다. 이 새는 눈동자가 둘이고, 새모양이지만 우

는 소리는 봉황과 흡사했다. 이는 舜의 출생과 연관지어 볼 수 있다. 순을 낳은 어진 부인은 舜을 낳자 세상을 떠났고 다시 아내를 맞이하여 아들 象을 보게 되었다.

우둔한 순의 아버지는 계모의 말만 듣고 장남인 舜을 미워하고 구박했다. 겨울에 象에게는 솜겹옷을, 순에게는 홑옷을 입혀 추위에 떨자 이웃이 분노했다. 순은 "나 하나 참으면 온 식구가 평안하다"고 말하고 이웃을 달랬다. 그러나 그의 아버지는 오히려 순을 성가셔 하며 그가 있어 행여나 그동안 불어난 재산을 동생 象이 물려받지 못할까 두려웠던 것이다.

견디다못한 순은 산기슭에 오두막을 짓고 나가살았다. 그럼에도 순은 여전히 부모에게 효도하고 동생을 사랑했다. 이처럼 착한 마음씨를 알아 본 주위 사람들은 그를 존경하고 따랐다. 그가 가는 곳이면 어디든지 사람들이 모여들어 함께 농사도 짓고 고기도 잡으며 살아 얼마가지 않아 큰 마을을 이루게 되었다.[81]

孝는 어린이가 노인을 부축하는 모양이다.

요임금의 사위가 되다

요임금이 나라를 다스린지 70여 년이 지날 무렵 온 나라에 자자한 순의 효심과 현명함을 듣고 요임금은 그를 불러들였다. 나이가 들면서

81) 龔書鐸 劉德麟 主編, 『圖說 傳設時代』, 봉황출판사, 2006

요임금이 은밀하게 후계자를 찾자 대신들이 순을 추천한 것이다. 요임금은 그의 인품을 알아보기 위해 娥皇과 女英 두 딸을 순에게 시집보냈다.

舜이 두 아리따운 여인을 아내로 맞았지만 부모는 즐거운 기색이 없었다. 오히려 동생 象은 질투심이 부글부글 끓어올라 순을 해칠 궁리를 일삼았다.

어느 날 아버지는 순에게 높은 창고를 수리하라고 명하였다. 일터로 가는 남편에게 아내는 "헌 옷을 벗고 새 옷을 입고가면 걱정없을거예요" 하고 오색빛의 새 옷을 입혀 보냈다. 작업을 하기위해 순이 지붕위로 올라갔을 때 동생은 곧 바로 사다리를 치우고 창고에 불을 질러버렸다. 이 긴급 상황에서 순이 입은 오색빛 새 옷의 날개가 펴지더니 한 마리의 새가 되어 한 점 상처 없이 사뿐하게 내려왔다. 계략이 빗나가자 아버지는 舜에게 다시 큰 우물을 파게하였다. 순이 집을 나설때 아내들은 또 오색 옷을 헌옷속에 입게하여 위급할때 헌옷을 벗으라고 하였다. 순이 두레박을 타고 깊이 땅을 파내려가자 이번에는 흙으로 구덩이를 메워 버렸다. 순은 안간힘을 다해 헌옷을 벗었다. 이 때 뜻하지 않은 일이 일어났다. 우물에 묻힌 순은 물속에서 비늘 두른 용이 되어 우물 벽을 뚫고 나왔다. 형이 죽은 줄 알았던 象은 돌아와 의기양양하게 부모에게 말했다.

"이 꾀는 내가 낸 것이니 두 형수와 악기 琴은 내 것이고 창고의 곡식과 소와 양도 둘째 인 내 차지가 되었어요."

象은 유유히 순의 집으로 가 형이 좋아하던 琴을 꺼내 타기 시작했다. 한참 신나게 금을 타고 있을 때 舜이 불쑥 문을 열고 들어왔다. 象은 기겁을 하며 "나는 형이 그리워 琴을 타며 형을 생각하고 있었어요."라고 둘러댔다. 순은 오히려 웃으며 "그래야지. 나도 그럴 줄 알았어."라고 말했을 뿐이었다.

舜과 象

舜과 象과는 깊은 관련이 있다. 동생의 이름이 象이고 그가 길들였다는 코끼리도 象이다. 코끼리가 중원지역에 서식하였음은 갑골문이 이를 증명해 주고 있다.

象

상대 갑골문 象은 큰 몸집에 긴 코를 내밀고 있는 코끼리 모양이고, 손으로 코끼리를 부리고 있는 모양은 무언가를 '하다'는 뜻의 爲자이다. 고대 생활에서 큰 힘을 써야하는 일이나 전쟁에서는 코끼리는 선봉에서 적군에 돌진하여 적을 무찔렀다는 설의 강한 증거가 되고 있다.

* 甲申卜, 爭貞 : 象其有災, 象無災.(『합집』, 4616)

　　갑신일에 점치고 쟁이 묻습니다 ;

　　코끼리에게 재앙이 있을 까요, 재앙이 없을 까요?

* 貞: 我勿爲. 묻습니다 : 나는 하지 말까요?(『합집』, 15185)

첫째 복사는 코끼리를 사육하는데 재앙이 있을 지의 여부를 점쳤고,

아래 복사는 무슨 일을 했는지 정확한 기록이 없지만 爲를 '하다'는 뜻으로 쓴 것이다. 그렇다면 코끼리는 상대 이전부터 사람들과 함께 살아왔고 그 이전의 신화전설에서 야생인 코끼리를 길들인 사람이 舜이라는 설도 있다. 그러나 신화전설은 끊임없이 변화하고 새로 태어나기도 한다. 舜이 코끼리를 길들였다는 이야기는 순이 동생 象을 길들였다는 내용으로 바뀌어갔다고 할 수 있다.[82]

순, 임금이 되다

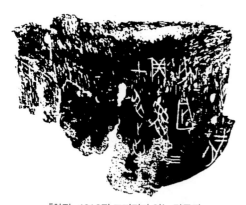
『합집』 4616편 코끼리가 있는 갑골편

몇 가지 일을 겪은 이후 부모와 동생은 크게 뉘우치고 마음을 돌려 서로 화목하게 지냈다. 순에 관한 이야기를 두 딸로부터 전해 들은 요임금은 그의 능력과 인품에 만족하였다. 그러나 더욱 신중을 기하기 위하여 험난한 산 속의 악천후에서 오래 견디게하는 정글탐험으로 그를 또 한차례 시험하였다. 舜은 진정으로 능력을 발휘했다. 그는 백성들에게 농사를 짓고 물고기를 잡는 법을 가르쳤고, 또 사냥

---

82) 袁珂저, 정석원 역 . 『중국고대신화』. 문예출판사. 2012

기술을 습득하게 하였다. 한편 질그릇을 구워 생활의 편의를 도모하였다. 수많은 부락은 그를 믿고 따르며 더불어 살아 짧은 시간에 거대한 집단으로 성장시켰다. 마침내 요임금은 그에게 왕위를 물려주어 순은 천하를 다스리는 군주가 되었다.

순, 사회개혁을 단행하다

순은 요임금이 세상을 뜨자 그와 공동으로 살피던 연맹의 일을 단독으로 맡아 명실상부하게 왕위를 계승하게 되었다. 순은 우선 대의회를 소집해 사회개혁을 선포하고 씨족의 세습추장들에게 관직을 임명했다. 禹에게 물과 토지를 관장하는 司空에 임명하고, 契(설)에게는 백성을 돌보 司徒, 后稷은 농사를 관장하는 農官에, 皋陶(고도)에게는 형벌을 관장하는 법관에, 垂(수)에게는 건축과 百工의 일을, 益에게는 山林水澤(산림수택)의 일을 관리하게 했다. 이 같은 그의 개혁은 씨족사회를 귀족들의 의사결정 기구로 탈바꿈시켰다. 이 새로운 기구는 조직의 생산과 생활방식 면에서 탁월한 성과를 올리면서 점차 호응을 얻었다. 이는 세상이 바뀌어 가고 있으며 이 같은 사회 변화가 백성들에게 받아드려 지고 있음을 말해 주고 있는 것이다.

商

商자는 상족들이 조상을 제사 지내던 제단, 건축물 등으로 보며, 자신들의 종족의 이름으로 삼았다. 인명, 지명으로 쓰였다.

舜이 다스리던 시대 상나라의의 시조가

된 契(설), 주나라의 시조가 된 后稷 등이 순을 보좌하였다. 한편 지성으로 동생을 사랑한 순은 象을 교화시켜 지방 제후로 삼았다.

舜에게는 아들 상균(商均)이 있었으나 현명하지 못하였다. 그도 요임금처럼 능력이 부족한 아들 商均을 뒤로하고 치수로 이름을 떨친 大禹를 후계자로 삼았다.

(도 43) 娥皇女英. 淸, 「毓秀堂圖傳」

상수의 여신이 된 왕비

나라를 태평하게 다스리던 舜은 이미 쇠약해졌다. 舜임금은 어느 날 남방을 순시하다 불행히도 세상을 떠나 九疑山에 묻혔다. 娥皇과 女英 두 왕비는 이 소식을 듣고 슬픔에 차 하염없이 울었다. 이들이 흘린 눈물은 남방의 竹林을 적셔 이곳의 대나무에 반점이 생겼다고 전해지고 있다. 이 사실을 애달프게 생각한 사람들은 반점이 있는 대나무를 「상비죽湘妃竹」이라고 부른다. 순임금을 그리던 두 사람은 울며울며 湘水를 건너다 갑자기 부는 바람에 배가 뒤집혀 물에 빠지고 말았다. 이들은 湘水의 女神이 되었고 전한다.[83]

---

83) 袁珂. 「중국 신화전설 사전」 상무인서관. 1986

용산문화 (龍山文化)

이 시기를 대표하는 용산문화는 신석기후기 문화로 약 5천여 년 전에서 2천여 년 간 꽃피웠다. 1930년대 산동성 龍山현에서 처음 발견되어 용산문화라고 이름 지었지만 유사한 성격의 문화는 전국의 200여 곳에서 펼쳐져 있다. 이는 당시 중국전역에서 문화가 비슷하게 발전되었음을 말해 준다. 대표적인 기물은 鼎(솥), 鬲(솥), 罐(항아리), 盆(넓은 그릇), 杯(잔) 등과 옥칼, 옥비녀, 활, 화살 등 60여 종의 공구가 사용되었다. 이시기를 대표하는 도기의 색깔은 주로 검은 색을 띄고 있어 '흑도문화'라고도 한다. 만약

(도 44) 黑陶高足杯 (미술전집 48)

하남성에서 이와 유사한 문화가 발견되면 하남용산문화, 산서에서 발견되면 산서용산문화라고 칭한다. 순 임금이 나라를 다스리던 시대는 바로 용산문화의 한가운데 있었다.용산문화의 끝자락은 하나라가 이어진다.[84]

天下爲公

天下爲公은 '세상에서 가장 공의로운 일'이라는 뜻이다. 약 5천 년 전 황제시대를 보면 이미 계급과 빈부의 격차가 심했다. 그로부터 천여 년이 지난 堯舜時代는 태평세를 이루었다. 허유와 소부처럼 권력을 탐

---

84) 楊可揚.『中國美術全集 陶瓷』상해인민미술출판사. 1999

제4부ㅣ성인의 시대가 도래하다 **185**

하지 않고 왕위까지 아들이 아닌 현자에게 계승하여 요임금은 효성이 지극한 순에게, 순임금은 치수를 잘하는 우에게 물려주었다. 이들 두 왕은 왕위를 자신의 아들이 아닌 타성의 현자에게 전하는 禪讓(선양)의 본보기였고, 공의롭게 일을 했다는 뜻으로 大公無私라고 칭송되며 天下爲公의 대표적인 사례로 전해진다.[85]

85) 朱鳳瀚 주편, 『문물중국사, 사전시대』 중화서국, 2003

제5부

신화시대의 끝자락에 서다

01
치수에 성공한
우(禹) 이야기

우(禹)는 치수에 탁월한 역량을 발휘하여 순임금의 뒤를 이어 나라를 다스리게 되었다. 우가 10여 년의 노력 끝에 치수에 성공하기 까지는 그의 아버지 곤(鯀)의 공이 컸다. 우의 탄생과 치수 과정, 그리고 우가 순 임금에 이어 왕위에 오른 대 장정을 살펴보자.

우의 탄생 설화

요임금시대에 대홍수가 20여년간이나 계속되었다. 요임금의 근심이 말로형언할 수 없었다던 그때 여러 제후들은 물난리의 해결사로 곤(鯀)을 추천했다. 곤은 전욱의 아들로 하늘의 신선이었다. 곤은 하늘에서 사람들이 홍수를 겪는 모습을 내려다보고 큰 슬픔에 잠겼다. 거대한 홍수가 온 세상을 뒤덮었는데 무슨 방법으로 이를 다스린단 말인가? 곤의 애타는 마음을 알아차린 신통력이 있는 매(鷹)와 거북이가 비법을 알려 주었다.

"무슨 방법이있단 말입니까?"

"바로 천궁에 있는 신기한 진흙 '식양(息壤)'이 해결 할 수 있을것입니다."

'식양'은 물이 닿으면 스스로 자라나는 성질이 있어 물이 높아지면 따라서 자라기 때문에 홍수를 막을 수 있는 특별한 물건이었다. 上帝가 식양을 보물로 생각하고 지독하게 아끼는 것이어서 두렵기도 했지만 상관할 여지없이 곤은 끝내 그것을 훔쳐냈다. 곤은 식양을 안고 기쁨에 차 지상으로 내려왔다. 곤이 가져온 식양은 신통하기 그지없었다. 한덩어리 던지면 큰 산처럼 높아져 홍수를 막아주고 대지도 말려주었다. 곤의 치수 광경을 본 대신들은 그를 임금의 치수담당관으로 추천했던 것이다. 곤의 노력과 식양의 특이한 속성으로 홍수는 차츰 잦아들고 사람들은 홍수의 악몽에서 벗어나는 듯 했다.

곤은 막중한 임무를 맡았지만 성격이 급하여 닥치는대로 밀어붙이고 적절한 치수방법을 알지 못하여 단지 '막고', '쌓는것' 뿐이었다. 홍수는 더욱 심해지고 그의 치수는 실패로 돌아갔다. 설상가상으로 새로운 불행이 기다렸다. 上帝는 곤이 자신의 허락 없이 하늘의 보물인 식양을 가지고 내려간 것에 격분한 나머지 火神을 보내 곤을 죽이고 羽山에 묻어 응징했다. 남아있던 식양도 모조리 회수해 갔다.

곤은 억울함을 안고 숨을 거두었다. 원한에 찬 그의 시신은 3년이 지나도 썩지 않고 영혼은 계속 주위를 맴돌고 있었다. 이 소식을 들은 上帝는 혹시라도 살아나 보복을 하지나 않을 까 두려워 다른 신에게 神刀를 주어 곤의 배를 자르게 하였다. 그의 배를 가르자 기상천외한 일이 벌어졌다. 그의 배속에서 龍 한 마리가 꿈틀거리고 나왔다. 용은 바로 곤의 피가 3년 동안이나 응어리져 있다가 새로운 생명으로 탄생된 것이다. 용의 형상으로부터 곤의 아들 禹가 태어났다. 禹가 탄생한것을 본 후에야 곤의 잔해는 羽山아래 깊은 연못으로 잠겨 들어갔다.[86]

우의 치수과정

禹와 아버지 鯀

禹는 鯀의 아들이다. 우의 탄생설화에 그의 아버지 곤을 천신으로 묘

---

86) 龔書鐸 劉德麟,『傳說時代 夏商周』대만 봉황출판사, 2006

사 한 것과 달리 실제로 우의 아버지 곤은 황제의 후예로 그의 조상은 서북에서 하남서부 伊水, 洛水 지역으로 이주해 왔다. 요임금 때 능력 있고 인품이 훌륭한 곤에게 姒姓을 내렸고 동시에 夏伯으로 봉했다. 때마침 홍수가 범람해 물을 막을 사람을 찾던 중 방백들의 추천으로 鯀이 중대 임무를 맡게 된 것이다. 명을 받은 곤은 대대로 치수를 하던 共工家의 축성방법 그대로 흙벽을 쌓았으나 共工보다 다소 높게 설계했을 뿐이었다.

중원에 위치한 화하부락연맹 집결지였던 華夏지구는 역사관계로 볼 때 堯, 舜, 禹의 시기가 이어져 이들이 연이어 활동했던 지역이고 당시 수해가 극심했던 곳이었다. 鯀은 오랜기간 크고 작은 제방을 쌓으며 치수에 노력하였으나 홍수를 막지 못했고 오히려 둑이 붕괴되어 더 큰 범람을 초래했다. 요임금이 죽고 뒤를 이은 순은 부락연맹회의에서 鯀이 백성의 생활을 더욱 힘들게 만들었다고 질책하였고, 끝내 天帝의 명을 어겼다는 죄명으로 그를 처형했다. 鯀의 처단 원인에 대해서는 논란이 있지만, 역사는 당시 거대 제후였던 共工, 三苗, 鯀, 歡兜 등 소위 四大氏族을 중심으로 한 華夏族의 융합과정에서 야기된 투쟁 중 희생되었을 것으로 추정 하고 있다.[87]

---

87) 孟世凱, 『중국소통사·하상』 중국청연출판사, 1994

禹의 치수 성공

舜은 최고 수령이 된 뒤 제후들에게 치수관으로 누가 적합한지 물었다. 모두가 禹를 추천하였고 禹가 명을 받았을 때는 약관의 나이였다. 禹는 치수관이 된 뒤 아버지의 실패 원인을 철저하게 분석해 내었다. 주요 원인은 물이 흐르는 자연 현상을 관찰하지 않고 제방만을 높이 쌓았던 탓이었다. 우는 오랜 시간에 걸쳐 산하를 답사하고 지형지물과 나무를 지표로 삼으며 홍수 다발지구의 산세, 물길을 면밀하게 살폈다. 작을 물은 큰

后稷(棄)
后稷은 어머니 姜嫄이 그를 낳은 후 세 번이나 버렸으나 불사조처럼 살아 나 이름을 棄(버릴 기)라고 하였다. 농사에 정통한 그는 周의 시조가 되었다.

물로 물길을 유도하였고, 큰 물줄기를 바로 잡아 단순한 치수 뿐 아니라 農水, 牧畜用水, 食水를 구분하여 생활에 적용하였다. 그는 13년이나 집을 떠나 전국을 헤매는 그동안 3차례나 집 앞을 지나면서도 그냥 지나쳤다. 심지어 아들을 낳았을 때도 '啓'라는 이름만 지어 보내 아들이 5살이 되어서야 아버지를 볼 수 있었다. 그러는 사이 홍수는 눈에 띠게 줄어들었다. 禹의 치수에는 훗날 상나라의 시조가 된 契, 주나라 시조가 된 后稷, 그리고 냉철한 법관 皐陶, 우의 후계자로 지목되었던 益 등 氏族추장들의 협조에 힘입어 대업을 완수할 수 있었다.

禹의 치수 성공은 중화민족의 발전에 큰 밑거름이 되었다. 20여년의 고된 작업 끝에 위대한 업적세운 禹에게 후대는 치수의 모든 공적을 부

흰 구미호 한대 석각화

尾

여하여 그를 大禹라고 불렀다. 또한 그를 神話의 주인공으로 삼아 만백성이 길이 칭송하고 있는 것이다.[88]

禹의 아내 여교와 啓의 탄생 설화

도산(塗山)에서 치수에 열중 하던 우는 불현 듯 자신을 돌아보았다. "내 나이도 이미 서른이 넘었구나"하는 생각에 잠겼다. 그날밤 우는 꿈에 '아홉 개의 꼬리가 있는 흰여우(九尾白狐)'가 꼬리를 흔들었다. 이는 분명한 혼인 할 길조였다. 불현 듯 禹는 여우를 보자 당시 도산 지방에 유행하던 민요가 떠올랐다.

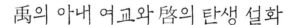

88) 朱鳳瀚, 주편『문물중국사·하상주』중화서국. 2004

狐

"아홉꼬리 백여우를 본 자는 국왕이 된다네

도산의 아가씨를 맞이한 자는 가정이 복된다 네"

그는 우연히 女嬌라는 아름다운 여인을 만났다. 비록 서로의 마음에 사랑하는 마음이 싹텄으나 치수에 바빴던 우는 마음을 고백하지 못했다. 여교는 기다려도 소식이 없는 우를 생각해서 심경을 토로했다.

啓
손(又)으로 문(戶)을 여는 모양이다. 갑골문 기상 기록에서 '흐린 날이 개다'는 뜻으로 썼다. 날이 맑아짐을 문을 여는 모양으로 표현한 것이다. 점차 사람의 머리를 '깨우치게 하다'는 의미로 인식되면서 '입 口'를 넣었다.

"사랑하는 님은 어찌 아니 오시는가?"

여교가 부른 노래는 남방 최초의 시가가 되었다고 전한다. 여교는 하는 수 없이 시녀를 보내 마음을 전했고 드디어 치수에서 틈을 낸 우를 만나 결혼을 하였다. 현숙한 여인 女嬌는 어려운 가운데 밥 짓고 옷도 만들며 정성을 다해 禹를 보살폈다.

禹가 산위에서 암석을 뚫고 물길을 잡을 보를 쌓는 일은 실로 어려운 일이었다. 禹는 음식을 가져온 女嬌에게 "공사가 험하니 자주 오지 말고 배고플 때 북을 칠 터이니 북소리가 나면 밥을 가져오시오."라고 당부하였다.

女嬌가 돌아가자 禹는 신통력을 발휘해 큰 곰으로 변신하고 예리한 발톱으로 암석을 파기 시작했다. 그러나 아차 하는 실수로 그만 돌이 떨어져 북이 울리고 말았다. 아이를 밴 몸이지만 황급히 밥을 지어온 女嬌는 남편은 없고 큰 곰이 있는 것을 보고 두려워 도망을 쳤다. "내가 곰과 결혼을 하지는 않았어"라고 외치며 달아나다 막다른 길에서 겁에 질린 女嬌는 바위로 변해버렸다.

이 광경을 본 禹는 바위를 어루만지며 "내 아들아, 내 아들아"하고 대성통곡을 하였다. 이때 신기한 일이 벌어졌다. 바위의 위쪽이 갈라지면서 그 속에서 갓난아기가 나왔다. 바로 여교가 뱃속에 품었던 禹의 아들이었다. 禹는 바위가 '열렸다'는 의미로 아들의 이름을 '開'라고 지었다. 한대에 와서 開는 다시 啓로 바뀌었다.[89]

---

89) 袁珂, 정석원 역, 『중국의 고대신화』 문예출판사, 2012

02

禹의 등극과 夏왕조의 탄생

하나라는 중국 최초의 노예제 국가이다. 최근 50년간의 고고발굴에서 비록 문자로 명시된 자료는 찾지 못했지만 하나라의 존재는 충분히 탐색 되었고 믿을 만한 문헌 자료도 적지 않아 실존을 인정 하지 않을 수 없다. 따라서 하나라는 신화에서 벗어나 역사적 관점에서 살펴볼 필요가 있다. 하나라의 건립에는 두 가지 견해가 있다. 첫째, 순임금은 우가 치수에 성공한 후 禹를 자신의 후계자로 삼고 夏后라고 칭하며 하왕조가 건립되었다는 설이다. 둘째, 우의 아들 啓가 왕위를 계승한 때로부터 잡아야 한다는 견해이다. 두 설에 모두 일리는 있으나 전자가 역사적 사실에 더욱 부합된다는 것이 역사학계의 관점이다.[90]

夏나라를 뜻하는 문자는 무슨 형상을 그렸을까? 夏는 큰 얼굴에 두

---

90) 孟世凱, 『中國小通史 夏商』 중국 청년출판사, 1994

팔과 발을 그린 사람모양으로 기우제에 제사장이 춤추는 형상이다. 성대하게 치르던 제사의 장면이 장관을 이루어 '크다'는 뜻이 되었고, 제사는 여름철에 주로 거행되어 '여름'이라는 뜻으로 가차했다.

선양제(禪讓制)의 종말

啓이전 수령은 부락연맹의 토론에서 전쟁경험이 있고, 타협능력이 탁월한사람을 선정해 각 제후의 승인을 받아 추대했다. 이는 왕위를 賢者에게 물려주는 선양제이다. 따라서 요임금은 아들을 제치고 효성이 지극한 순에게, 순은 아들을 제쳐 두고 치수에 공이 큰 우에게 왕위를 물려주었던 것이다. 이런 사회 상황은 요, 순, 우의 신화로 전해지지만, 현대의 고고발굴에서도 이들 존재를 증명할 상응한 증거를 찾아냈다. 帝堯의 근거지인 唐지역은 고증으로 山西 汾, 澮임이 규명되었다. 이곳은 문헌에 기재된 堯 후예의 봉지와 상합되었고 전설 중 堯, 舜, 禹의 시대인 용산문화(B.C.2500~2000)유적지가 발견되었다.

여기서 주목을 끈 것은 이시기가 왕권의 맹아기였다는 점이다. 왕의 묘로 추정되는 大墓가 있었는데 남성묘주의 시신 밑에서 朱沙와 木器, 玉石예기 2백여 점이 발견되었다. 남성이 墓主인 것은 부계사회로의 전환을 의미한다. 堯의 어머니는 堯를 伊祁氏家에 의탁해 키워 堯의 성은 伊祁氏이고 號는 陶唐이다. 舜의 아버지는 가난하고 우둔한 맹인이었다. 역사상 汾水유역과 晉서남부를 大夏라고 칭하는데 이곳은 堯의 근거지이고, 舜이 농사짓던 곳이며 우의 아버지 鯀의 활동지역으로 요, 순, 우 부락연맹의 활동무대였다고 할 수 있다.

가천하(家天下)의 시작

堯와 舜의 시대는 '어머니는 알아도 아버지를 모른' 모계사회였다. 요와 순의 父系는 미미했고 아들들도 모계의 숨은 뿌리와 방종하거나 우둔하다는 평계속에 소리 없이 사라졌다. 전적으로 母系와 연관이 있고 사회적으로 덕망이 있는 자가 강력한 대권후보가 된 것이다. 모든 권력이 母系의 숨은뿌리로 이어지던 시대로서는 당연한 일이었다. 후대의 父系的 시각으로 볼 때 절대권한을 아들이 아닌 賢者에게 양도한 사람은 '천하에서 가장 공의로운 자(天下爲公)'라 아니할 수 없다.

禹의 시대는 父系로 전환되던 시기였다. 禹의 아버지 鯀은 신이 아닌 당당한 夏伯으로 등장했고, 아들 啓는 많은 제후방백의 지지 속에 禪讓制의 원칙을 깨버렸다. 공식 후보자인 益을 무력으로 제거하고 연맹수령 직무를 쟁취하여 자신들의 씨족의 발상지 夏에서 대권을 장악했다. 모계사회의 잔재인 禪讓制를 뒤엎고 아버지의 지위를 계승한 傳子制, 즉 家天下의 서막을 연 것이다.[91]

---

91) 孟世凱, 『中國小通史 夏商』 중국 청년출판사, 1994

禹, 夏나라를 건국하다

禹는 치수에 성공하여 하의 부락연맹에서의 신망이 날로 높아갔다. 순은 직접 우를 부락연맹의 총수로 인명하였고, 각 씨족과 부락들의 동의하에 양위의 절차가 부락연맹회의에서 통과되었다. 이 같은 사실은 『史記』에도 기록되어 있다.[92]

'순은 우를 후계자로 삼았음을 천하에 알렸다.'
帝舜薦禹于天, 爲嗣'

舜임금은 禹가 자신의 후계자임을 하늘에 제사하고 천하에 공표했다. 우는 夏后라고 칭함을 받고 하 왕조의 제왕으로서의 통치가 시작 되었다. 그러나 그 길이 순탄지만은 않았다. 하의 건국이전 요순의 시대가 있었고 그들은 天子, 또는 帝로 불렸다. 그러나 그들이 처했던 시대상황은 현자를 찾아 대를 물려주는 '天下爲公'의 '大同'시대였다. 요와 순은 부락연맹의 수령이었다고 할 수 있다. 그러나 우의 상황은 달랐다. 순이 우를 華夏부락연맹의 수령으로 추천하였지만 禹가 여러 씨족을 정벌하는데 20여 년이라는 세월이 걸렸던것이다.

---

92) 司馬遷 : 『사기·하본기』 대만 광문서국. 1962

塗山의 대회의

禹는 天子로서 동남각지를 순시하고 도산에 이르러 제후 추장 一萬여 명을 모아 대축제를 열고 夏軍의 위용을 과시하였다. 하 왕조 건국을 선포한 禹는 치수의 성공으로 농업생산이 증대되고 백성들의 생활안정으로 민심이 자신에게로 모아진 것을 보았다. 그러나 황하와 장강유역의 씨족들은 이미 사회재산과 조직의 富가 형성되어 계급분화가 날로 심화되었다. 이 과정에서 이족의 재산을 강탈하고 씨족들에 병합전쟁이 끊이지 않았다. 특히 三苗族은 夏의 남방 확장에 장애물이었고 夏는 삼묘의 북방진출의 장애요소였다. 禹는 5천 병사로 삼묘를 정벌해 夏軍의 위용을 드러냈다. 이로 남북이 서로 교류하고 남북의 문화가 융합하게 되었다. 塗山회의는 우에게는 역사적 의미를 가진다. 우선 온 땅을 九州로 나누고 제후들이 헌납한 청동으로 아홉 개의 青銅鼎(三圓鼎, 六方鼎)을 제작하여 천하를 상징하는 왕조의 보물로 삼았다.[93]

방풍씨의 제거

도산 회의를 마친 禹는 夏 왕조의 기틀을 공고히 하기위해 다시 순시를 강행했다. 도산 회의에서 방백들은 禹에 공납과 충성을 약속하였

---

93) 李學勤, 『중국청동기적 오밀』, 상무인서관. 1987

고, 한편 禹도 賞과 罰을 분명히 하였다. 그러나 제후 중 防風氏는 기골이 장대하고 용맹을 과시하는 거친 기질의 종족으로 많은 부족들이 두려워하였다. 禹가 도산을 순시할 때 방풍씨는 먼저 와서 禹를 배알하여야 함에도 禹 보다 늦게 도착하고 교만한 자세를 보이자 禹는 천자의 자격으로 과감하게 방풍씨를 살해했다. 이를 본 제후 방백들은 禹에 압도당하였다. 왕권을 행사한 첫 번째 사례였던 이 사건은 왕권 출현이 禹로부터 시작되었음을 증명하고 있다.

夏왕조 - 최초의 노예제국가

이 시기 중국의 고대사회는 원시사회에서 계급사회로 전환되며 노예제가 성숙되었다. 사회 환경은 농업기술의 향상으로 수확량이 증가되어 부가 축적되었다. 여러 종류의 생활도기와 음주기를 제작하였는데 술의 생산은 곡식이 충분한 후에야 가능 한 것이었다. 또 목축이 성하여 소, 양, 돼지 등 가축이 대량사육 되었다. 청동기, 옥기, 골기도 눈부시게 발전했는데 하나라의 옛터 二里頭에서는 중국

(도 45) 하말기 乳釘紋爵[94]

94) 이학근 주편 『중국미술전집·청동기上』 문물출판사. 1995

최초의 청동예기가 여러 점 출토되었다. 한편 묘지의 매장 상황을 볼 때 남성이 묘주이고 여러 여성이 측면에 배치되어 있다. 즉 남성이 중앙에 반듯이 누워 있고 여성은 곁에 쭈그리고 있는 것이다. 이는 여성이 묘주로 중앙에 반듯이 누워 있고 남성을 측면에 매장하던 모계씨족사회는 붕괴되고 일부다처의 부계씨족사회가 시작되었다는 증거가 된 것이다. 사회의 변혁에 치열한 암투와 무서운 희생이 있었음을 미루어 짐작할 수 있다.

이러한 사회 변화 속에 禹는 요순의 화하(華夏)부락연맹의 기초위에 중원 중심의 夏 왕조를 건국하였다. 중국 역사상 최초의 국가가 탄생한 것이다. 긴 세월동안 불복세력들을 정벌하고 강력한 제후 방풍씨를 처단하는 등 단호하게 天子의 위력을 과시했다. 이때 禹의 나이 이미 80이 훨씬 넘었다.

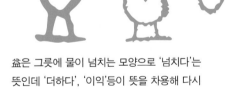

啓의 왕위 계승

왕위에 오른 후 후계자를 세우는 문제에 대하여 고심했다. 먼저 현명한 법관인 고도(皐陶)를 후계자로

益은 그릇에 물이 넘치는 모양으로 '넘치다'는 뜻인데 '더하다', '이익'등이 뜻을 차용해 다시 溢자를 만들어 원의를 구별했다.

지목 했으나 얼마 후 사망하자 그의 아들 益을 후계자로 생각하고 고되게 수련을 시켰다. 그러나 한편으로 자신의 아들 啓가 건강하고 용감하게 자라고 있었다. 이러는 와중에 禹는 남방을 순시하다 세상을 떠나고 말았다. 건국 초 부락연맹의 군사 민주주의적 전통에 따라 후계자인 益은 3년간의 상례절차를 마쳤다. 그러나 왕위를 계승하자는 못했다. 그 이유는 제후들 세력이 이미 益을 왕위 계승자로 받아드리지 않았고 禹의 아들 啓를 왕으로 추대하려는 기운이 거셌기 때문이었다. 益도 契나 后稷처럼 치수 과정에서부터 禹를 도왔으나 그 기간이 길지 않은 것은 사실이다. 그러나 그것은 명목상의 이유 일 뿐 사실은 현자에게 왕위를 계승하는 소위 禪讓 제도, 天下爲公의 大同世界는 종말을 고하고 아들에게 세습하는 傳子制의 길이 열린것이다. 益은 啓가 세력을 키워 자신을 위협해 올지를 꿈에도 생각 하지 못했으나 대세를 받아드리고 啓에게 자리를 양보하였다. 이에 啓는 도읍을 陽翟, 지금의 하남성 禹州로 잡고 禹의 뒤를 이어 정식으로 夏 왕조의 국왕 자리에 올랐다.

啓의 이름

啓는 禹와 여교 사이에서 출생한 아들이다. 그의 탄생도 신화로 전해 내려온다. 신화에서 여교가 바위로 변했는데 바위가 갈라지며 태어나 이름을 開라 하였다고 전하고 있다. 그러나 한대에 이르러 학자들은 漢 景帝의 이름이 劉開여서 왕의 이름과 같은 자를 피하는 避諱의 관습에 따라 開라는 이름을 음이 같은 啓로 바꾸었다.

피휘(避諱)는 무엇인가?

우리의 젊은이들은 부모나 스승 앞에서 술을 마실 때 몸을 약간 틀고, 담배를 피우다 어른이 오면 얼른 담배를 뒤로 감춘다. 이는 어른에 대한 최소한의 예의를 표시한 것이다. 중국의 경전이나 개인문헌에서도 조상이나 부모의 이름은 앞에 한 칸을 비워 예를 표한다. 나아가 임금의 이름으로 쓴 字는 다른 사람이 사용할 수 없었다. 이를 避諱라고 하는데 避는 '피하다', 諱는 '두려워하다'는 뜻으로 임금에 대한 존중과 경외함은 더욱 엄격하게 적용한 것이다.

하나라의 존재

夏나라는 모계사회의 끝자락에서 부계사회로 전환되는 과도기적인 시대로 약 470 년간 영위하다가 3600년 전 夏의 마지막 왕인 桀王때 商의 成湯에 의해 패망하였다. 夏나라의 옛터로 지목되는 곳은 1959년 발견한 하남성 언사현 二里頭이다. 이 유적지는 禹임금이 나라를 다스리던 곳으로 잡고 있다. 그 근거는 이리두 유적지는 3층으로 되어 있는데 아래층은 용산문화이고, 위층은 상대문화로 二里頭는 그 중간에 끼어 있기 때문이다. 夏나라는 문자 기록의 증거는 찾지 못했으나 나라의 존재를 증명할 수 있는 유물과 유적지는 이미 적지 않게 발굴되었다.[95]

---

95) 朱鳳瀚, 주임, 『문물중국사·하상주』중화서국. 2004

03

하나라의 상징 九鼎 이야기

우의 치수가 마무리 되자 온 백성들은 안정된 생활속에서 행복하게 살 수 있었다. 그들은 우의 공덕을 한없이 칭송했다. 백성들의 뜻을 알아차린 순임금은 치수에 공이 큰 우에게 왕위를 물려주기를 원했고 주변의 많은 부족들도 그가 천자로 추대되는 것을 반겼다. 우는 수많은 역경과 고난을 이겨내고 오직 치수에만 전념하여 결국 위업을 달성하고 만인의 옹호 속에 천자에 올랐다.

禹는 왕위에 오른 뒤 천하를 아홉 개의 행정구역으로 나누고 '州'라고 칭하였다. 중국의 전역을 이른바 '九州'라고 하는 호칭이 여기에서 유래되었다.

우는 치수 과정에서부터 친히 전국 방방곡곡을 누벼 그가 밟지 않은 곳이 없었으니 각 지역의 실정을 훤히 꿰고 있었다. 우임금은 九州의 관원에게 청동을 진상하도록 명하여, 황제가 일찍이 '귀한 솥(寶鼎)'을 주조한 적이 있던 荊州山 자락에서 '아홉 개의 솥(九鼎)'을 주조하게 하였는데 이것이 바로 「九鼎」이다.

아홉 개 州를 상징하는 九鼎을 만들다

九鼎은 하나라의 국가 상징으로 하늘에 제사하는데 썼던 예기였다. 鼎의 몸체에는 각지의 특징과 산물은 물론 요사스런 괴물과 귀신을 도안으로 새겨 백성들에게 각 주의 지형지물을 알 수 있게 하였다. 한 주를 대표하는 鼎에는 그 州를 대표하는 특징과 금기사항들이 새겨있어 다른 州를 갈 경우 만나게 될 괴물과 불상사에 미리 대비할 수 있게 하였다. 九鼎은 백성들의 여행안내서 역할을 하였다. 특히 이를 궁궐문 앞에 진열해 누구나 볼 수 있게 하여 재앙을 막고 통행에 불편이 없게 하려는 깊은 뜻이 담겨 있었다.

夏나라가 망하자 九鼎은 商나라로 전해졌고, 상이 망하자 다시 周나라로 전해지면서 점차 본래의 기능이 퇴색되었다. 鼎은 다만 대대로 天子가 하늘에 제사하는 순수한 禮器의 역할만하는 국가 권력의 상징물이 되었다.[96]

九鼎의 행방

하나라를 정복한 상나라는 바로 九鼎을 옮겨갔다. 鼎이 정통 국가를 상징하기 때문에 우선적으로 鼎를 확보하였다. 상나라를 정복한 주나라(B.C. 1046~B.C. 221)는 6만 병사로 九鼎을 끌고 갔다는 기록이 있다. 서주의 세력이 약화되고 제후국

(도 46) 상 말 父戊方鼎
『중국청동기도록』 51

---

96) 司馬遷, 『사기·은본기』 대민광문서국 1962.

(도 47) 泗水에서 鼎을 건지는 모형도

은 힘이 날로 강해지던때 제후들은 수시로 九鼎을 넘보았다. B.C.606년 楚 莊王은 서주왕실 주위에서 무력을 과시하며 반복해서 九鼎의 크기와 무게를 물으며 九鼎을 빼앗아 천자의 자리에 오르고싶은 속내를 보였다. 달변가 周의 대부 王孫滿은 '九鼎보다 중요한 것은 德이다'고 그를 설득해 마음을 돌아서게 하였다고 전한다.[97] 춘추전국의 혼란한 정세 속에 九鼎은 秦으로 옮겨가다가 泗江에 빠졌다는 것이다. 천하를 통일한 진시황제는 泗江에서 九鼎을 건지려 했지만 찾지 못했다고 전해지고 있다. 漢代에는 이러한 九鼎의 고사를 석판화로 제작하였고, 그 후 여러 곳에서 제작된 석판화가 전해지고 있다.[98]

---

97) 司馬遷, 『사기·초세가』 「問鼎輕重」 대만광민서국, 1962
98) 四川 江眼 출토, 「泗水取鼎」 『故宮月刊』 206호

鼎의 형상

鼎은 신석기시대에 흙으로 빚어 쓰던
질그릇에서 발전하였다. 다양한 모양 중에
아래에 불을 때서 음식을 익힐 수 있게 세 네
개의 발을 달아 지탱하게 만든 솥이다. 모양이
둥근 圓鼎에는 다리가 셋이고 네모형인 方鼎에
는 다리가 넷이다. 하나라초기 九州에서 모
은 청동으로 九鼎을 만들었다고 전하나 지금
까지 전해진 하나라의 鼎은 하나라말기 二里頭에서 출토된 網格紋鼎(도
44)이 유일하고 몇점의 爵이 있다. 갑골문 鼎을 보면 실물과 유사하다.

(도 48) 網格紋鼎(『중국청동기도
록』 44)하. 말기 二里頭 출토

鼎

세발솥 모양을 그렸다. 몸통이 둥글면 발이 셋이고 몸통이 네모나면 발이 넷이다. 나라를 상
징하는 기물로 삼았다. 제사지낼 때 고기를 삶았는데 큰 鼎은 소한마리를 통째 삶을 수도 있
었다고 전한다.

04 夏 나라의 흥망성쇠

太康의 실정

啓는 禹를 이어 하나라의 기반을 더욱 굳건하게 하였다. 그러나 재위 39년 만에 78세로 병사하여 아들 태강이 재위에 올랐다. 太康은 禹와 啓를 이은 제3대 왕이다. 그는 할아버지와 아버지가 피나는 노력으로 일군 기틀위에 왕위를 계승하여 실제적인 고통을 알지 못하고 사냥만 일삼으며 정사를 돌보지 않았다.

하나라는 9州에 牧이라는 수장을 세우고 다스리게 하였다. 하의 제후 중 窮國의 왕은 명사수 羿의 후손 后羿(후예)였다. 后羿는 백발백중의 활솜씨를 믿고 하 왕국을 넘보기도 하였다. 태강은 后羿를 冀洲의 牧으로 삼고 함께 사냥을 하며 즐겼다. 태강의 대신인 武觀(무관)은 왕이 평소에 자신을 신임했으나 이제 자신은 안중에 없고 후예만을 총애하는데 격분해 후예가 모반을 꿈꾼다고 소문을 냈다. 궁지에 몰린 후예는 바로 窮國으로 돌아가 굴욕을 잊고 절세미인 항아와 가무를 즐기며 지냈다. 무관은 다시 태강에게 '후궁이 이렇게 많으나 후예의 항아처럼 예쁜 사람을 찾지 못해 유감이다'고 이간 질을 했다. 태강은 귀가 얇아 이번에는 후예에게 幽洲(현 북경부근)땅과 항아를 바꾸자고 제안했다.

后羿는 비록 대권을 장악하였으나 大禹 이래의 각지 제후의 인정을 받지는 못하였다. 그런터라 후예는 내키지는 않았지만 땅이 욕심나 승낙을 하였더니 상심한 항아는 약을 마시고 말았다. 태강은 항아를 얻지 못한 것이 후예의 농간으로 여기고 그를 공략했으나 패하였다. 무능한 태강은 계속 사냥만을 즐겨 제후방백의 존경을 받지 못하고 민심도 돌아섰다. 太康은 어느날 落水 남족으로 사냥나왔다가 돌아가려는데 제후들의 저지로 길이 막혀 하는 수 없이 陽夏에서 유랑생활을 하게 되었고 10여 년 뒤 병사했다. 현재 이곳은 河南성 太康현이다.

啓에게는 여섯 아들이 있었고 태강이 장자였다. 태강의 5동생은 일찍이 형에 실망하여 모두 출궁해 강호를 떠돌았다. 이 비통한 이야기를 〈五子之歌〉라고 한다.[99]

后羿는 태강의 동생 仲康을 왕으로 세우고 정권을 휘둘렀다. 중강은 갓 20을 넘기고 세상을 떠나 그의 어린 아들 相이 제위에 올랐다. 후예가 정권을 잡았으나 그역시 사냥만을 일삼고 정사는 그가 신임하는 寒促(한촉)에게 맡겼다. 한촉은 후예에게서 활쏘기를 배우던 제자 봉몽(逄蒙)과 공모하여 대권을 얻을 기회를 잡고 후예를 처단했다. 한촉은 정권을 잡고 나서 수년의 모의 끝에 결국 후예의 땅과 재산, 수많은 가신들을 매수해 빼앗았다. 한편 제왕 相은 혼란한 정세속에서 재건을 위해 노력하였으나 결국 한촉의 장자 澆(요)에 의해 살해되었다. 相의 왕비 后緡(후

---

99) 龔書鐸 劉德麟,『傳說時代 夏商周』대만 봉황출판사, 2006

康 방울로 소리를 내
는 악기로 심신이 평
안해져 '건강'으로 인
신되었다.

민)은 하의 제후 有仍氏(유잉씨)의 딸로 간신히 도망하여
친정에 몸을 숨기고 유복자 少康(소강)을 낳았다.[100]

少康이 나라를 중흥시켰다

소강은 어려서부터 영특하고 사리에 밝았다. 외조부
有仍氏는 少康에게 牧畜에 힘쓰게 하였다. 한편 어머니
가 들려주는 조상에 대한 이야기를 듣고 반드시 나라를 회복할 결심을
하였다. 십수년 후 한촉은 相의 후손이 있다는 것을 알고 수소문하여 찾
아내자 母子는 다시 虞國으로 숨어들어 가 제후인 姚思(요사)의 도움을
받게 되었다. 수 년 동안 요사는 소강을 지켜보다 그를
조리를 담당하는 庖正에 임명해 칼 쓰는 법을 익히게 하
였다.

興 興은 배처럼 긴 기
물을 위아래에서 손
으로 들어 올리는 모
양으로 '들다'는 뜻
이었다. 여기서 점차
'흥이 나다', '일어나
다' 는 의미로 인신되
었다.

적으로부터의 피살을 면하게 하려는 뜻이었다. 少康
은 사려 깊고 덕망있는 청년이었다. 姚思는 그의 의지와
인품에 감동되어 두 딸을 소강에게 시집보내고 綸邑(윤
읍)을 봉지로 주어 넓은 곳에서 살게 하였다. 그가 다스
린 후 백성들은 안정된 생활을 할 수 있게 되어 모든 공
을 소강에게 돌리고 그를 칭송해 마지않았다.

───────────

100) 孟世凱 : 『中國小通史 夏商』 중국청년출판사. 1994

소강은 잃은 조국땅을 되찾기 위해서는 현인이 필요 하다는 것을 알고 당대의 현인 崇開(숭개)를 배방하고 가르침을 청했다. 숭개는 단호하게 거절했다. 그러나 소강이 다섯 번이나 찾아가 간청하자 숭개는 그의 뜻을 받아들였다. 소강은 날마다 崇開로부터 亂世治理의 道와, 선비를 섬기고 백성을 돌보는 安民의 道를 배웠다.

다시 수년이 지난 뒤 소강은 언제쯤 잃은 나라를 회복할 수 있을지 고심했다. 스승 숭개는 조언했다. '지금 한촉의 기세는 왕성하여 힘으로는 꺾을 수 없으니 그의 두 아들 撓와 壇사이를 이간시키자'는 것이었다. 소강은 한촉의 두 아들의 봉지 '過'와 '戈' 두 곳으로 사람을 잠입시켜 두 사람에게 아버지가 상대방을 더 총애한다고 부추겨 두사람은 서로를 헐뜯기 시작했다. 드디어 이들은 싸우기에 이르렀다. 소강은 이 기회를 포착해 큰 어려움 없이 왕궁을 점령하고 한촉과 두 아들을 처형했다. 이로서 건국한지 40여년의 窮國은 패망하였다. 少康은 할아버지 太康이 后羿에게 정권을 빼앗기고 3대에 걸친 40년의 노력 끝에 정권을 되찾아 夏왕조의 기틀을 공고하게 하였다. 후세는 이를 '少康中興'이라 칭한다. 소강은 夏 왕조를 되찾아 드디어 하나라의 제6대 왕으로 등극했다.[101]

---

101) 龔書鐸 劉德麟, 『傳說時代 夏商周』 대만 봉황출판사, 2006

폭군 桀王에 이르러 夏왕조는 패망하였다

少康이후 나라는 안정되고 번영의 길로 접어들었다. 그러나 재위 21년 만에 병사했고 그의 아들 杼(저)가 왕위를 계승했다. 저는 하의 통치 범위를 넓히고 국가를 공고하게 하였으나 뒤이은 여러 제왕들은 하나같이 국정에 관심이 없고 사냥이나 향락에 빠졌다. 특히 14대 왕 孔甲은 두 동생의 뒤를 이어 재위에 오르자 이를 귀신의 덕으로 여기고 귀신신봉이 극에 달했다. 그는 본성이 잔인하고 혼미한 군주로 제후들의 반감을 샀다. 공갑이 죽고 아들 皋(고)가 뒤를 이었으나 3년만에 병사했다. 孔甲의 손자 發이 재위에 올랐을 때는 단지 東夷의 몇몇 제후들만 夏에 호응하며 조공을 바쳤다. 어언 하나라의 마지막왕인 桀에 이르렀다. 최초의 노예제국가인 夏왕조는 황하유역을 중심으로 사방에 걸쳐 一萬여 군소 씨족 부탁을 관할했으나 桀은 단지 주위의 몇 몇 방국과 제후들의 반역에 직면해 강한 통제와 잔인한 제압으로 대응하지 않을 수 없었다.

당시 有施氏(유시씨)는 소국이지만 자존을 지켜온 종족이었다. 桀은 이들을 정복해 신하국으로 삼고 조공을 바치게 하고 싶어 완전정복을 서둘렀다. 有施氏는 걸이 여색을 탐하는 것을 알고 미모가 뛰어난 여동생 妹喜를 걸에게 바쳤다. 걸은 크게 기뻐하며 매희에 빠져 그의 환심을 사려고 궁궐을 짓고 백성들의 재산을 갈취해 향락을 일삼았다. 큰 연못을 파고 술로 채워 오색 배를 띄우며 즐겼다. 견디다 못한 대신 逄(관용봉)은 우의 치수 광경을 비롯한 조상의 업적을 그린 皇圖를 보이며 설득했으나 오히려 그림을 불태우고 그는 죽임을 당했다. 33년 간을 통치하던 桀은 중국 역사상 최초의 폭군이라는 이름을 얻었다. 결국 桀는 有仍氏, 有施氏등이 속한 작은 방국을 치려다가 나라가 송두리채 망하는 지경에 이르게 되었다(「桀克有緡, 以亡其國」).

克

　동방에서 발원하고 새를 토템으로 삼았던 商族의 수장 成湯은 수십 년간 夏의 제후국으로 활동하다 여러 종족의 시달림과 백성들의 부르짖음을 덕으로 감싸안고 점차 힘을 기르며 기회를 엿보았다. B.C.1600년 그는 드디어 桀을 정벌하고 夏 왕조를 무너뜨렸다. 禹에 의해 건국되었고 장장 470년을 영위하였던 하 왕조는 마지막을 고하고 말았다.[102]

102) 孟世凱, 『夏商』 중국 청년출판사, 1994

夏나라의 문화

하나라의 발상지

1960년 초 하남성 偃師 二里頭유지의 발굴에서 이곳이 하나라의 유적지임이 밝혀졌다. 위로는 용산문화가 펼쳐있고, 아래의 유적지는 상대의 문화 특성을 보이고 있었기 때문이다. 이곳이 중국역사상 최초의 노예제국가인 하 왕조(B.C.2070~B.C.1600)를 열어 470여 년 동안 존속하며 14세 17왕이 다스렸던 곳으로 인정하게 되었다. 상나라처럼 문자로 기록된 역사적 근거는 발견하지는 못했지만 도기에 새겨진 陶文과 그 외 여러 발굴품에 의해 다양한 하 문화를 고찰할 수 있게 하였다.[103]

하나라의 농업과 수공업

禹의 치수 성공은 夏나라의 농업과 목축업 발달의 기틀을 다지는데

---

103) 蔣英民, 李友謀 주편, 『중국고고학통론』 하남대학출판사. 1996

결정적인 공헌을 하였다. 신석기시대 황하유역에서 이미 黍(수수), 稷(기장), 粟(밤), 麻(마), 稻(벼)를 재배하였고 그 외 각종 채소, 과일의 씨앗과 견직물, 방직물 조각이 발견되었다. 이는 5천 여년 전 양잠도 성했음을 설명해주고 있다. 이러한 바탕위에 夏의 제왕들은 노예주귀족의 수장으로 광활한 토지와 대구규모 노예집단을 이끌 수 있었다.

또 수시로 주변방국을 정벌하고 잡아온 포로들을 노예로 부려 농업은 노예사회 시작부터 쉼 없이 발전해온 중요 산업이었다. 농업 생산이 풍성해 이미 술을 만들었으나 禹는 술의 주조를 강력하게 반대했으나, 少康 때에는 일종의 穀酒를 제조 하였다고 전한다(초학기-26권). 桀왕이 酒池를 만들어 배를 띄웠다는 말은 어느 정도 과장이라 할지라도 농작물의 풍성함을 대변해 주고 있는 것이다.

少康시대 목축 전담관을 牧正이라 하였다. 농업과 목축업의 발달은 자연히 수공업의 발달을 촉진시켜 동반 성장했다. 도기의 생산은 수공업의 중요 산업으로 유적지중의 陶窯 규모와 제작기술은 놀라운 경지였다. 도기는 炊事器, 食器, 酒器 등 30여 종에 달했다. 그 중 초대형 大口尊, 大罐은 곡물 저장을 위한 대형용기였다. 이들 도기에서 상당수의 ??을 발견하였는데 이들은 상대의 갑골문과 유사한 형태로 보였다.

청동기도 독립적인 수공업

이리두문화 도기부호

이었다. 요, 순 시대를 청동기시대의 시작으로 잡고있는데 禹시기에 이르러서는 청동으로 병기도 만들었다. 이는 九鼎의 전설이 뒷받침하고 있다. 실제로 중국 최초의 靑銅鼎과 爵이 하유적지에서 발견되었다. [104)

수레의 전문 관리는 車正이었다. 禹시대의 奚仲(해중)은 하 왕조의 車正으로 수레의 규격을 정하고 차의 운행을 크게 발전시킨 공으로 薛 땅의 제후로 봉함 받았다. 그러나 하말 桀은 奚仲의 후손인 仲虺(중훼)를 홀대해 그는 成湯에게로 도망쳤고 성탕의 좌상이 되어 뛰어난 지략으로 성탕을 보좌하였다.

(도 49) 靑銅扁壺 (일본 문물전 도록) A

술의 기원

세계 각 민족이 즐기는 기호 식품인 술은 언제부터 마시게 되었을까. 중국에서 흔히 쓰는 '제사를 올리고 손님을 접대하다(奉祭祀接賓客)'이라는 말을 빌려보면 확실히 제사와 깊은 관련이 있다. 한나라 문헌에는 儀狄이 술 만드는 법을 알렸다 하고, 민간에서는 杜康을 酒神으로 추앙한다. 그러나 5, 6천 년 전에 이미 술을 빚은 대형독과 항아리 등이 있었다는 것은 그때 술이 있었음을 말해 준다. 오직 술빚는 용기가 술의 기원을 말해 주기 때문이다. 하나라 禹는 술을 맛보고 심히 달다고 하였으나 그 위해를 짐작하고 술 빚기를

병에 담은 古酒 B

104) 李學勤주편, 『中國美術全集』「靑銅器上」文物출판사, 1985

酉와 酒 : 酉(닭 유) 는 물이나 술을 담던 목이 잘록한 항아리로 술을 뜻했다. 이 字가 地支의 열 번째로 쓰이고 동물과의 배합에서 닭과 결합 되여 '닭酉'가 되었다. 제사에 술로 올린 酉가 지지로 쓰이자 酉에 水를 붙여 酒(술 주)가되었다.

鬯(울창주 창) : 鬯(창)은 그릇에 곡물과 발효시키는 누룩이 섞여있는 모양으로 '양조하다' 는 뜻이다. 점차 향초와 이슬로 담근 최상급의 향주인 '울창주' 뜻했다. 제사가 끝나고 卣(주전자)에 담아 땅에 뿌리며 신령을 위로 했던 최고급의 귀한 술이다.

福(복 복) : 福(복)은 조상에게 두 손으로 술(酉)을 올려 복을 빌었던 모습을 그렸는데 점차 조상이나 귀신을 뜻하는 示를 추가해 '복 福'자를 만들었다.

壺(병 호) : 壺(호)는 뚜껑이 있고 몸체를 받치는 받침대가 있는 호리병 모양이다. 초기형태는 손잡이가 없었으나 점차 위를 두르는 손잡이가 있는 주전자가 되었다.

曹(무리 조) : 술통 위에 건초 두 묶음을 올려놓고 술을 거르는 모양으로 '거르다'는 뜻이다. '糟糠之妻'를 이루는 술지게미(糟), 술통(槽), 술을 관리하는 曹(관아), 성씨 조(曺) 등으로 발전하였다. 성씨로 쓸 때는 曹의 한 획을 줄여 曺라 하였다.

爵(잔 작, 벼슬 작) : 爵(작)은 고대의 술잔으로 살짝 데우기도 하였다. 술을 따를때 졸졸하고 소리를 내 이 잔의 이름을 '죄(중국음)'라 하였다. 고대에 술을 마시고 즐기는 사람은 신분이 높은 사람이라 벼슬이라는 뜻으로 뻗어나갔다.

召(부를 소) : 召(소)는 국자(勺, 刀)로 사람을 부르는(口) 모양이다. 앞자를 보면 술독에서 술을 거르고 손에 국자를 들고 함께 마시자고 사람을 부르고 있다. 간단하게 국자모양인 과(刀)와 입(口)만 남겼으나 '부르다' 는 의미는 그대로다.

飮 : 사람이 목을 길게 빼고 혀를 내밀어 항아리 속의 물이나 술을 마시는 모양을 그렸다. 점차 일반적으로 '마시다'로 뜻이 확대되었다. 금문에서는 사람과 식기가 분리 되었다.

금했다고 전한다.

　그러나 농경이 발달하고 제사가 성했던 상대에는 술이 제사에 올리는 중요 품목이어서 술 문화가 극에 달했다. 귀족들은 생전에 술을 즐기고 사후 술잔을 부장품으로 넣어 신분을 과시하기까지 하였다. 술은 중요성분이 수분이지만 제사와 빈객접대, 보양과 질병 치료시 마취와 소독에도 쓰인 귀중한 음료였다. 지금까지 전해진 중국에서 가장 오래된 술은 전국시대 中山國 왕능에서 나온 두병의 술을 꼽을 수 있다.

　1977년 하북성 平山현 옛 中山國의 왕릉 군에서 2만여 점의 유물이 나왔다. 중산국은 춘추말기에서 전국 초까지 약 300년간 지속된 작은 나라였다. 이때 출토된 수많은 유물 중에서 青銅丹壺와 扁壺에는 술이 가득 들어 있었다. 실로 2천여 년 간 숙성된 경이로운 와인이다.[105]

　술은 중국인들의 생활과 긴밀하게 접해있어 새해를 맞으면 '年酒'를 마시고, 결혼식에서는 '喜酒'를, 자녀가 태어나면 '滿月酒'나 百日酒를 마실 뿐 아니라 어른들의 장수를 빌며 '壽酒'를 마신다. 현대 사회에서도 각자마다 술을 마실 이유는 넘쳐난다. 그러나 중국인들의 주도의 특징은 과음하지 않음에 있다.

　갑골문자에는 술과 술잔, 술을 마시고 즐기자는 호객을 표현한 문자까지 풍성하다.

---

105) 동경국립박물관 주최. 『중산왕국문물전』. 일본경제신문사. 1981(도 45-A.B)

하나라의 천문과 역법

옛 사람들은 해가 뜨면 일어나 일하고 해가 지면 잠자리에 들어 태양을 활동의 지표로 삼았다. 거기에 달과 별의 변화를 관찰하고 생물의 성장 관계를 알 아냈으며 태양과 인간생활의 밀접한 관계까지 인식하게 되었다. 夏나라 건국 이전에도 이미 천상을 관측하는 기관이 있었다. 황제와 요임금 시대 하늘을 점치는 천문관은 春夏秋冬 四季를 알아내 一年 366일과 윤달을 추정해 냈다(『尚書堯典』) 고대인들은 일찌기 천상의 변화와 그 변화가 매우 규칙적이라는 것을 탐험하고 큰 성취를 얻었음을 알 수 있다.

하나라 건립 후 농업과 계절이 밀접함을 인식하고 천문역법의 중요성이 더욱 강조 되었다. 조정에 천문관을 두어 天地四時를 관장하였다. 仲康 때는 일식이 발생했다. 천지가 암흑으로 변하자 사람들은 크게

갑골문 干支표 『합집』 37986

요동치며 북과 꽹과리를 치고 농부들은 마차를 탄 채 달리며 우왕좌왕했다. 아직 일식(日蝕)의 운행 규율을 정확하게 알지 못하여 대재앙, 또는 하늘의 개가 해를 먹는 것으로 여겼다. 하나라의 일식은 시간상 다소의 논란은 있으나 일식에 대한 인식 자체는 공인된 사실로 세계최초의 일식으로 기록되고 있다.

甲子, 乙丑으로 시작하는 天干地支는 중국의 특유의 시간 기록법이다. 황제시대 창힐에게 문자를 정리하게 함과 동시에 大墝에게 역법을 정리하도록 명해 발명했다고 전한다. 하나라 때 干支를 사용했는지 확실한 기록은 없다. 그러나 하나라 17명의 왕 중 胤甲, 孔甲, 履癸(桀) 세 왕은 甲과 癸를 왕호로 삼았다. 상대에는 모든 왕의 왕호를 天干(천간) 10자로으로 하였고 紀日은 干支 22자를 배합한 60갑자로 하였는데 이에 대한 내용은 갑골문에 상세하게 기록되어있다.

갑골문의 기록에 의하면 天干地支를 조합한 甲子, 乙丑, 丙寅 등으로 이어지는 60甲子로 해를 셈하여 甲子년에 태어난 사람이 60년이 지난 다음 甲子 해는 바로 환갑에 이른 것이다. 나아가 12년을 한 단위로 하여 매해를 동물과 결부시키는데 이들을 조합한 도표를 보면 다음과 같다.

甲子	乙丑	丙寅	丁卯	戊辰	己巳	庚午	辛未	壬申	癸酉
甲戌	乙亥	丙子	丁丑	戊寅	己卯	庚辰	辛巳	壬午	癸未
甲申	乙酉	丙戌	丁亥	戊子	己丑	庚寅	辛卯	壬辰	癸巳
甲午	乙未	丙申	丁酉	戊戌	己亥	庚子	辛丑	壬寅	癸卯
甲辰	乙巳	丙午	丁未	戊申	己酉	庚戌	辛亥	壬子	癸丑
甲寅	乙卯	丙辰	丁巳	戊午	己未	庚申	辛酉	壬戌	癸亥

六十 甲子表

干支와 동물 조합표

지지	子	丑	寅	卯	辰	巳	午	未	申	酉	戌	亥
띠동물	쥐	소	호랑이	토끼	용	뱀	말	양	원숭이	닭	개	돼지
월	11	12	1	2	3	4	5	6	7	8	9	10
시간	밤11-1	1-3	3-5	5-7	7-9	9-11	낮 11-1	1-3	3-5	5-7	7-9	9-11

　　하나라는 B.C.2070년 辛卯년에 개국하여 B.C.1600년 辛巳년에 패망하였고, 辛巳년은 바로 商 왕조가 개국한 해이다. 하나라의 기일법이 남겨있지는 않으나 갑골문의 甲子기일은 위로 황제시대 까지 거슬러 올라갈 수 있고 아래로 연속적으로 이어져 내려오므로 하대에서 전해 내려온 것임을 부인할 수 없다.[106]

　　중국의 역법을 말할 때 가장 확실한 근거는 하왕조의 역법인 「夏小正」이다. 이는 하대가 남긴 귀한 자료로 내용은 經과 傳으로 구성되어 있는데 經은 역법과 생활정경을 기록했다. 「夏小正」 중의 월상을 보면 一年이 12개월이다. 1월부터 12월까지 매월의 사물, 기상, 천문, 농사, 사냥, 및 농사활동을 소상히 기록하고 있다. 중요한 것은 一年 중의 1월을 冬至 후의 셋째 달로 정한 점이다. 이를 '建寅'이라고 한다. 이 때는 만물이 소생하는 시기 이다. 1월의 정경을 노래한 대목을 보자.[107]

　　1월은 기러기가 북으로 날고 꿩이 날개 짓하며 물고기가 어름 밑에서 헤엄치는 한편 들쥐가 구멍 밖으로 나온다. 밭에 부추가 자라고 수양버들이 잎을 내며 매화,

---

106) 毛耀順, 『中華五千年長歷』 氣象出版社, 2002
107) 孟世凱 : 『中國小通史 夏商』 중국청년출판사. 1994

복숭아가 꽃을 피운다. 농부는 쟁기를 수리하여 농사에 대비한다.

이 내용을 보면 1월의 모습은 마치 봄이 오는 속삭임인듯하다.

하대의 曆法은 지금의 農曆, 즉 우리가 말하는 陰曆으로 동절기는 보통 11월에 시작하니 3개월 후면 바로 새해이다. 음력은 농업생산 과정과 밀접한 연관이 있다. 다시 말해서 지금의 음력은 바로 夏曆이 전해진 것이다.

이처럼 하나라는 고도로 발전된 사회문화를 이루었으나 역대 왕들은 혼미했고 특히 마지막 桀王은 경국지색인 妹喜에 빠져 나라를 돌보지 않았다, 크게 실망한 제후 방백과 백성들은 하왕조에 등을 돌린 탓에 470년간의 하 왕조는 종말은 맞았다. 하나라는 20여 년간 호시탐탐 도탄에 빠진 백성을 구하고자 분투노력한 商族의 제후 成湯에 의해 패망하고 말았다.

『합집』 6057편

商나라, 중국의 역사시대를 열다

商나라는 하나라를 패망시키고 중국 최초의 역사시대를 연 국가이다. 상 나라(B.C.1600 ~B.C.1046)는 약 554년간 존속하며 17세 30왕이 나라를 다스렸다. 상대전기 문화는 하남성 鄭州에서, 후기문화는 안양 小屯 殷墟에서 꽃피웠다. 특히 상대의 전성기였던 殷墟에서 발견된 16만여 편의 갑골문과 수 千점의 청동기에는 상왕조의 정치, 경제, 사회 및 역사적 사실을 왕실 사관들이 친필로 상세하게 기록하여 놓았다. 따라서 상 왕조는 존재가 확실하게 규명된 국가임을 인정받기에 충분했다.

상 왕조는 470년을 이어온 하의 문화를 이어 받았고, 이를 더욱 발전시켜 고대사회를 한 단계 도약시켰다. 그중 가장 빛나는 성과는 갑골문이라는 완벽하고 세련된 문자를 원활하게 사용한 점이다. 당시 제왕들은 국가의 크고 작은 일들을 하늘의 상제와 조상에게 점을 쳐 계시를 받아 행하는 신탁에 의한 통치를 하였다. 그리고 점 친 내용을 龜甲과 獸骨, 즉 갑골에 고스란히 기록하여 두었다. 따라서 갑골문은 상대에 어떤 일이 발생했는지를 알려주고, 어떤 사건은 어떤 결과를 얻었는지 소상하게 밝혀 주기도 하였다.

甲骨文을 통해 3,300년 전 상대의 왕실계보와 천문, 역법, 기상, 농업, 상업, 건축, 전쟁, 질병, 교육 등 사회전반의 상황을 확실하게 알 수 있게 된 것은 실로 놀라운 일이다. 商代에 대한 이야기는 다음기회로 미룬다.

참고문헌

국외문헌

劉鳳君, 『昌樂骨刻文』 산동화보출판사, 2008

『文物』. 「河南 舞陽 賈湖 신석기 시대 유지 발굴보고」 1989 제1기

毛耀順, 『中華五千年長曆』 중국기상출판사, 2002

郭沫若 주편. 『甲骨文合集』, 중화서국 1983

朱鳳瀚, 주편, 「文物中國史」 중화서국, 2004

袁珂 編著 『神話與傳說辭典』 상해사전출판사. 1986

龔書鐸, 劉德麟 主編 『傳說時代 夏, 商, 周』 봉황출판사 2006

許進雄. 『古事雜談』 「葬俗流变」. 대만상무인서관. 1991

劉緯, 張淸儀, 『文明的奠基』 상무인서관, 2003

楊可揚 主編. 『中國美術全集. 陶瓷』 .14 상해인민미술출판사. 1988

宋鎭豪, 「中國風俗通史」 상해 문예출판사, 2001

李力, 『中國文物』 오주전파출판사. 2004

許愼, 『說文解字』 여명문화사업공사. 1974

袁德星, 「龍的原始」 『중화문물학회』 77年刊

林壽晉. 『半坡遺址綜術』 중문대학출판사 1987

何新, 『諸神的 起源』 중국민주법제 출판사, 1988

羅琨. 張永山 , 『原始社會』 중국청년출판사 95. 1995

潛明玆, 『中國古代神話與傳說』 중국국제광파출판사. 2010

李貞頫, 『神話, 遠古記憶的重述與解讀』 화동사범대학출판사 2008

故宮博物院 編. 『故宮靑銅器』 자금성출판사. 1999년.

文鏞盛, 『中國古代社會的巫覡』, 혁문출판사, 1999

司馬遷, 『史記 · 殷本紀』 대만광문서국 1962.

完顔紹元編 『中國風俗之迷』, 상해사서출판사, 2002

李孝定著, 『漢字的起源與演變論叢』. 대만영경출판사업공사. 1986

吳愛眞 主編, 『中國的風俗習慣』 대만정중서관, 1977

孟世凱, 『中國小通史 夏商』 중국 청년출판사, 1994

李學勤, 『中國靑銅器的奧密』, 상무인서관. 1987

李學勤 주편 『中國美術全集 · 靑銅器』上, 문물출판사. 1995

孟世凱. 『中國小通史 夏商』, 중국청년출판사. 1994

孫民, 李友謀 주편, 『中國考古學通論』 하남대학출판사. 1996

東京國立博物館 주최. 『中山王國文物展』 일본경제신문사. 1981

국내문헌

정재서 역주 『산해경』, 민음사, 1997

정재서 저 『중국신화의 세계』 돌베개. 2011

진태하. 『한글+漢字문화』. 「夏 · 殷나라는 東夷族의 歷史 -1」. 2015. 10

정석원역 袁珂 저, 『중국의 고대신화』, 문예출판사. 2004

홍희 역 許進雄 저, 『중국고대사회』 동문선, 1993

양동숙, 『갑골문해독』 서예문인화, 2005.

한자 속의
중국 신화와
역사 이야기

지은이 | 양동숙
펴낸이 | 최병식
펴낸날 | 2017년 12월 12일(2쇄)
펴낸곳 | 주류성출판사
주소 | 서울특별시 서초구 강남대로 435(서초동 1305-5) 주류성빌딩 15층
전화 | 02-3481-1024(대표전화) 팩스 | 02-3482-0656
홈페이지 | www.juluesung.co.kr

값 15,000원

잘못된 책은 교환해 드립니다.

ISBN 978-89-6246-306-4 03910